易人外语
Easy Language

循环速记
英语单词手抄书

易人外语教研组/编著

江苏凤凰科学技术出版社·南京

图书在版编目（CIP）数据

循环速记英语单词手抄书 / 易人外语教研组编著
. — 南京 : 江苏风凰科学技术出版社, 2023.8
（易人外语）
ISBN 978–7–5713–3493–2

Ⅰ. ①循… Ⅱ. ①易… Ⅲ. ①英语 – 词汇 – 自学参考
资料 Ⅳ. ①H313

中国国家版本馆CIP数据核字(2023)第055953号

易人外语
循环速记英语单词手抄书

编　　　著	易人外语教研组	
责 任 编 辑	祝　萍	
责 任 校 对	仲　敏	
责 任 监 制	方　晨	

出 版 发 行	江苏凤凰科学技术出版社
出版社地址	南京市湖南路1号A楼，邮编：210009
出版社网址	http://www.pspress.cn
印　　　刷	天津旭丰源印刷有限公司

开　　　本	718 mm×1 000 mm　1/16
印　　　张	13
字　　　数	150 000
版　　　次	2023年8月第1版
印　　　次	2023年8月第1次印刷

标 准 书 号	ISBN 978-7-5713-3493-2
定　　　价	35.00元

前言 Preface

　　学英语最基础的是哪个环节？是学英语单词。单词对学习英语而言，就像是砖头之于盖房子，是基础且必不可少的部分。只有夯实基础，才能进行下一步。可是学单词对于大多数英语学习者来说，是枯燥且要花费大量时间与精力的。你是否有过这样的经历：捧着一本单词书，从字母A开头的单词开始背诵，好不容易背完了这一部分的单词，回过头却发现已经忘记前面的单词了？这种白费功夫的感觉是不是让你很挫败、很不想继续下去了呢？其实，对于大多数英语学习者来说，学单词就是这么让人头疼的一件事。

　　而且，对于学习者来说，记住单词只是第一步，后面还有更多的问题：这些单词的用法是什么呢？我们在实际生活中应该怎样运用呢？如果只是单纯地背诵，比如记住了wake（唤醒），那我们该怎样使用它呢？只有将单词放在一定的语境中，我们才能对它有更深的理解并运用自如。比如wake，它是一个不及物动词，因此不能接宾语。如果要表示"叫醒某人"，可以用短语wake up。需要注意的是，"叫醒我"是wake me up，人称代词要放到wake和up之间。另外，如果是某人自己醒来，主语要放在前面，比如：He woke up when he heard the crow of a chicken.（他听到鸡叫声后醒了过来。）

　　所以死记硬背对我们学好英语并没有多大的效果。如果背了单词，却不会使用，那又有什么意义呢？假使我们有一天去了国外，嘴里却只能蹦出几个单词，想必外国人也是一脸茫然。现在就放弃以前无效的背单词的方法吧！这本书将带给你一种全新的背单词体验！

User's Guide 使用说明

1 每个故事的开篇是一幅与主题相关的图片，可以帮助读者快速进入主题。

2 图片的下面是一篇与主题相关的小短文，其中的重点单词或词组用蓝色标出。（要大声朗读重点单词哦！遇到不认识的单词时，可以联系上下文猜测一下。）

3 小短文的后面是译文，其中还标出了在原文中出现的重点单词或词组原形，便于读者再次加深印象。

4 接下来"单词、词组跟我学"环节，详细地列出了每个单词或词组的意思。

01
谁动了我的闹钟！

漫画故事汇

George was woken up by the alarm clock and found it was almost 6:15. He turned on his phone and found it was about 8:15. Of course, George was late for work, and he was criticized by the manager. But he has no idea why his alarm clock showed the wrong time. It turned out that George's brother set his alarm clock back for two hours because he wanted to play with him.

2

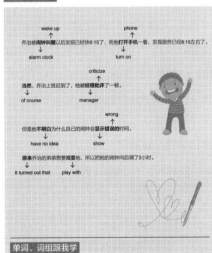

漫画故事译文

wake up → 乔治被闹钟叫醒以后发现已经快6:15了，而他打开手机一看，发现居然已经8:15左右了。 ← phone
alarm clock ↓   turn on ↓

criticize ↓
当然，乔治上班迟到了，他被经理批评了一顿。
of course ↓   manager ↓

wrong ↓
但是他不明白为什么自己的闹钟会显示错误的时间。
have no idea ↓   show ↓

原来乔治的弟弟想要戏耍他，所以把他的闹钟向后调了2小时。
It turned out that ↓   play with ↓

单词、词组跟我学

→ wake up 叫醒
→ alarm clock 闹钟
→ turn on 打开，调亮
→ of course 当然
→ have no idea 不知道
→ It turned out that ... 原来是……

→ phone [fəun] n. 电话，手机
→ criticize [ˈkrɪtɪsaɪz] v. 批评
→ manager [ˈmænɪdʒə(r)] n. 经理
→ show [ʃəʊ] v. 显示，出示 n. 表演
→ wrong [rɒŋ] a. 错误的，假的
→ play with ... 戏耍，和……玩耍

3

5 然后是每个小节的最后一部分——"同步练习题"，这里根据每个小节中的单词或词组设计了练习题。而且练习形式多样，包括句子填空、图片连线等，可以让读者对自己的学习成果进行自测。

同步练习题

请在下列空格中填写合适的单词或词组，注意使用适当的形式。

1. I forgot to set the [　　　].
   我忘记设闹钟了。

2. It is my mom that [　　　].
   是我妈妈把我骂醒的。

3. If only we knew how to [　　　] the heating.
   如果我们知道怎么打开暖气就好了。

4. The [　　　] rang, but nobody answered it.
   电话响了，但是没有人接。

5. You made a mistake. [　　　], you're going to be [　　　].
   你犯了错，当然要被批评了。

6. You must [　　　] how complicated the world of the rich is.
   你肯定不明白有钱人的世界是多么复杂。

7. New evidence [　　　] that he had offered some [　　　] information.
   新的证据表明他提供了一些错误的信息。

8. [　　　] someone had leaked the company's secrets.
   原来有人泄露了公司的机密。

9. It's mean of you to [　　　] kids.
   你竟然戏耍小孩子，真卑鄙。

---

6 每四个小故事为一个单元，每个单元后面有"单词大作战"环节。读者可以在这个环节对之前学过的单词进行再次练习，找出自己不熟悉的部分并对其进行强化记忆。

单词大作战

英汉互译

1. 叫醒	→	14. grow up	→
2. 打开，调高	→	15. fear	→
3. 当然	→	16. perhaps	→
4. 批评	→	17. fulfilling	→
5. 不明白	→	18. look after	→
6. 购物狂	→	19. ideal	→
7. 惩罚	→	20. catch	→
8. 圣诞节	→	21. hard	→
9. 羡慕，嫉妒	→	22. wicked	→
10. 想象中的	→	23. put on	→
11. It turns out that	→	24. tiring	→
12. take a nap	→	25. serious	→

---

7 本书的最后一部分是"单词表"，这个环节列出了本书学过的所有单词，方便读者查找、复习。

单词表

01 谁动了我的闹钟！

wake up 叫醒	**phone** [fəʊn] *n.* 电话，手机
alarm clock 闹钟	**criticize** ['krɪtɪsaɪz] *v.* 批评
turn on 打开，调高	**manager** ['mænɪdʒə(r)] *n.* 经理
of course 当然	**show** [ʃəʊ] *v.* 显示，出示 *n.* 表演
have no idea 不知道	**wrong** [rɒŋ] *a.* 错误的，假的
It turned out that ... 原来是……	**play with ...** 戏耍……，和……玩耍

02 购物大狂欢

yesterday ['jestədeɪ] *n.* 昨天	**go shopping** 购物
a lot of 很多，许多	**want to (do)** 想要（做某事）
winter ['wɪntə(r)] *n.* 冬天，冬季	**thought** [θɔːt] *n.* 想法，思想
born to 天生的	**perhaps** [pə'hæps] *ad.* 也许，或许
shopaholic [ʃɒpə'hɒlɪk] *n.* 购物狂	**scarf** [skɑːf] *n.* 围巾

目录 Contents

01

谁动了我的闹钟！

George was woken up by the alarm clock and found it was almost 6:15. He turned on his phone and found it was about 8:15. Of course, George was late for work, and he was criticized by the manager. But he has no idea why his alarm clock showed the wrong time. It turned out that George's brother set his alarm clock back for two hours because he wanted to play with him.

漫画故事译文

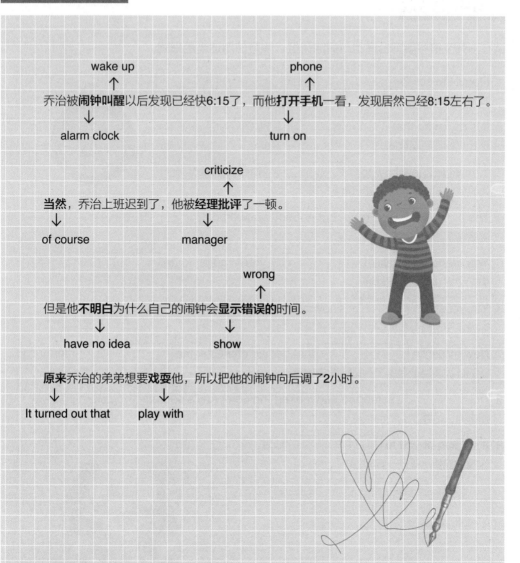

wake up
↑
phone
↑
乔治被**闹钟叫醒**以后发现已经快6:15了，而他**打开手机**一看，发现居然已经8:15左右了。
↓
alarm clock
↓
turn on

criticize
↑
当然，乔治上班迟到了，他被**经理批评**了一顿。
↓
of course
↓
manager

wrong
↑
但是他**不明白**为什么自己的闹钟会**显示错误的**时间。
↓
have no idea
↓
show

原来乔治的弟弟想要**戏耍**他，所以把他的闹钟向后调了2小时。
↓
It turned out that
↓
play with

单词、词组跟我学

→ **wake up** 叫醒

→ **alarm clock** 闹钟

→ **turn on** 打开，调高

→ **of course** 当然

→ **have no idea** 不知道

→ **It turned out that ...** 原来是……

→ **phone** [fəʊn] *n.* 电话，手机

→ **criticize** ['krɪtɪsaɪz] *v.* 批评

→ **manager** ['mænɪdʒə(r)] *n.* 经理

→ **show** [ʃəʊ] *v.* 显示，出示 *n.* 表演

→ **wrong** [rɒn] *a.* 错误的，假的

→ **play with ...** 戏耍……，和……玩耍

请在下列空格中填写合适的单词或词组，注意使用适当的形式。

1. I forgot to set the _____ .
   我忘记设闹钟了。

2. It is my mom that _____ .
   是我妈妈把我叫醒的。

3. If only we knew how to _____ the heating.
   如果我们知道怎么打开暖气就好了。

4. The _____ rang, but nobody answered it.
   电话响了，但是没有人接。

5. You made a mistake. _____ , you're going to be _____ .
   你犯了错，当然要被批评了。

6. You must _____ how complicated the world of the rich is.
   你肯定不明白有钱人的世界是多么复杂。

7. New evidence _____ that he had offered some _____ information.
   新的证据表明他提供了一些错误的信息。

8. _____ someone had leaked the company's secrets.
   原来有人泄露了公司的机密。

9. It's mean of you to _____ kids.
   你竟然戏耍小孩子，真卑鄙。

答案

1. alarm clock	2. woke me up	3. turn on
4. phone	5. Of course; criticized	6. have no idea
7. showed; wrong	8. It turned out that	9. play with

02
购物大狂欢

漫画故事汇

Yesterday I went shopping with my best friend Jane. She told me that she wanted to buy a lot of things since winter was coming. In fact I had the same thought with her. Perhaps, women are born shopaholics. Anyway, we bought clothes, gloves, hats and scarves. Then we thought Christmas was coming. So we bought something for Christmas. What a tiring and fulfilling day!

漫画故事译文

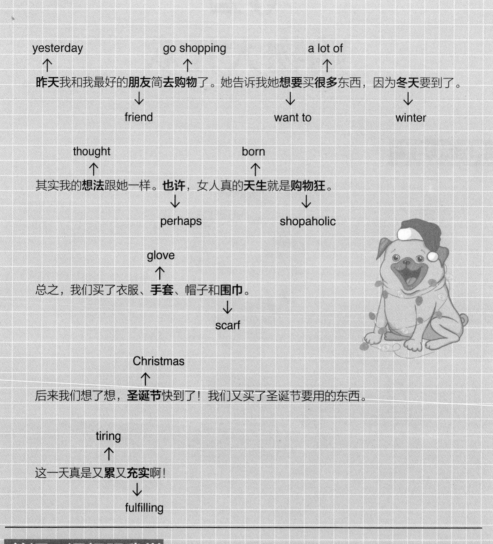

yesterday → **昨天**我和我最好的**朋友**简**去购物**了。她告诉我她**想要**买**很多**东西，因为**冬天**要到了。
- yesterday
- go shopping
- a lot of
- friend
- want to
- winter

其实我的**想法**跟她一样。**也许**，女人真的**天生**就是**购物狂**。
- thought
- perhaps
- born
- shopaholic

总之，我们买了衣服、**手套**、帽子和**围巾**。
- glove
- scarf

后来我们想了想，**圣诞节**快到了！我们又买了圣诞节要用的东西。
- Christmas

这一天真是又**累**又**充实**啊！
- tiring
- fulfilling

单词、词组跟我学

→ **yesterday** ['jestədeɪ] *n.* 昨天

→ **go shopping** 去购物

→ **a lot of** 很多，许多

→ **want to (do)** 想要（做某事）

→ **winter** ['wɪntə(r)] *n.* 冬天，冬季

→ **thought** [θɔːt] *n.* 想法，思想

→ **born to** 天生的

→ **perhaps** [pə'hæps] *ad.* 也许，或许

→ **shopaholic** [ˌʃɒpə'hɒlɪk] *n.* 购物狂

→ **scarf** [skɑːf] *n.* 围巾

→ **glove** [glʌv] *n.* 手套

→ **Christmas** ['krɪsməs] *n.* 圣诞节

→ **tiring** ['taɪərɪŋ] *a.* 累人的，令人疲倦的

→ **fulfilling** [fʊl'fɪlɪŋ] *a.* 充实的，使人满足的

同步练习题

请在下面的空格中填写相应的英文单词或词组，写出其原形即可。

昨天晚上下了一整夜的雪，现在路上很滑，

☐

看来就连我这个购物狂也不得不暂时搁置和儿子去购物的计划了。

☐　　　☐

我们从窗户里看到外面的路上有很多人在玩雪。

☐

儿子说他想出去堆雪人。

☐

这个想法不错，

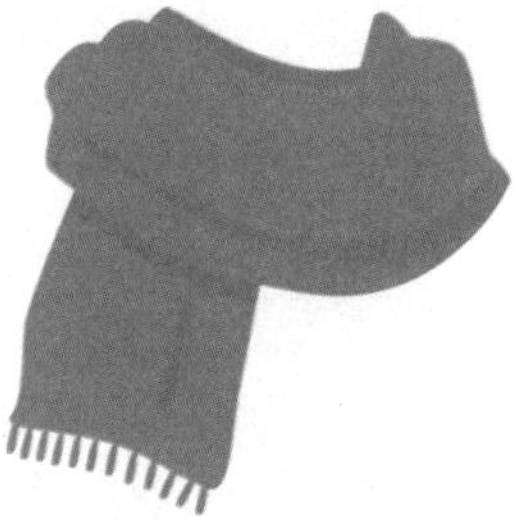

☐

我天生也喜欢冬天。

☐　　　☐

也许我们真能堆出一个又大又可爱的雪人呢。

☐

于是我们带上围巾和手套就出去了。

☐　　　☐

终于堆成了，我们最后还给雪人披上了红色的围巾，
竟然有点圣诞节的氛围呢！

☐

忙了半天，还真是挺累的，

☐

但是我和儿子都感觉特别充实。

☐

你答对了几道题呢？

答案

Yesterday	shopaholic	go shopping	a lot of	want to	thought	born to
winter	perhaps	scarf	glove	Christmas	tiring	fulfilling

7

03

妈妈的一天

漫画故事汇

My mom has to get up at 6:30 in the morning to cook for my dad and me. About half past seven, my one-year-old sister wakes up and cries for holding, so mom will hold her while preparing some milk formula and then she has to look after my sister. At about 11, mom will cook. After lunch, my little sister and I are taking a nap while mom starts cleaning up. In the afternoon, mom will take my sister to go shopping in the supermarket. After 5 p.m., she will begin to make supper. This is a day of my mother, who is really hard! I will help my mother do housework when I grow up.

漫画故事译文

get up
↑
我妈妈早上六点半就要**起床**为爸爸和我**做饭**。大概七点半，一岁的妹妹也醒了，她哭着
↓
cook

hold　　　　　　　　　　　look after
↑　　　　　　　　　　　　↑
要妈妈抱。于是妈妈还要**抱着**妹妹给她沏奶，之后又**必须照看**妹妹。到了十一点左右，妈妈
↓
have to

take a nap
↑
会做饭。午饭后我和妹妹都在**睡午觉**，而妈妈就开始打扫卫生。下午妈妈会抱着妹妹去

supper　　　　　　　　　　　　　　　　　　grow up
↑　　　　　　　　　　　　　　　　　　　　↑
超市购物。下午五点后，她会开始做**晚饭**。这就是妈妈的一天，可真**辛苦**啊！我**长大**后一定
会帮妈妈**做家务**。　　　　　　　　　　　　　　　　↓
↓　　　　　　　　　　　　　　　　　　　hard
do housework

单词、词组跟我学

→ **get up** 起床

→ **hold** [həʊld] *v.* 抱，拿，握住

→ **have to** 必须，不得不

→ **supper** ['sʌpə(r)] *n.* 晚饭，晚餐

→ **hard** [hɑ:d] *a.* 辛苦的，困难的，努力的

→ **cook** [kʊk] *v.* 烹饪，煮饭

→ **look after** 照顾，照料

→ **take a nap** 睡午觉

→ **grow up** 长大，成熟

→ **do housework** 做家务

请在下列空格中填写合适的单词或词组，注意使用适当的形式。

1. Lily was [   ] when I called her.
   我给莉莉打电话的时候，她正在做饭。

2. My mother has prepared a turkey. It seems that we will have a big [   ] today.
   我的妈妈准备了火鸡，看来我们今天的晚餐非常丰盛。

3. I didn't realize how selfless my parents were until I [   ].
   我长大以后才明白我的父母有多么无私。

4. The donuts are sold out, so I [   ] buy some other bread.
   甜甜圈卖完了，所以我不得不买其他面包。

5. He didn't [   ] today, so he fell asleep as soon as he got into bed at night.
   他今天没有睡午觉，所以晚上一躺在床上就睡着了。

6. On the contrary, I find it interesting to [   ].
   恰恰相反，我觉得做家务挺有趣的。

7. I [   ] my mother's hand as she did when I was a child.
   我牵着妈妈的手，就像我小时候她牵着我的手一样。

8. I [   ] early this morning because of a business trip.
   因为要出差，我今天一大早就起床了。

9. It was [   ] for him to understand my reason for doing so.
   他很难理解我这样做的理由。

10. I had something to do today, so I asked my mother to [   ] my daughter.
    我今天有事要做，所以就拜托我的妈妈照看我的女儿。

你答对了几道题呢？

答案

1. cooking	2. supper	3. grew up	4. have to	5. take a nap
6. do housework	7. held	8. got up	9. hard	10. look after

04

我想当超人

I'm only five years old, but I have a great ideal: I want to be a superman. Don't laugh. I am serious. Every time I see superman catching bad guys on TV, I would envy him. So sometimes I will put on a bath towel to be an imaginary superman. Superman fears nothing. Where there are bad men there is a superman. I also want to do so. Superman can fly and protect us, and he will punish the wicked and can do a lot of things I want to do. I want to be a superman.

漫画故事译文

我虽然只有五岁，但是有一个伟大的**理想**：我想当**超人**。
↓ ideal
↓ superman

laugh
↑
不要**笑**，我很**认真的**。
↓
serious

catch
↑
每次在电视上看到超人**抓**坏人，我都很**羡慕**。
↓
envy

put on
↑
于是我有时便会**披上**浴巾，当一回**想象中的**超人。
↓
imaginary

fear
↑
超人天不**怕**地不怕，哪里有坏人就会出现在哪里，我也很想这样。

protect punish
↑   ↑
超人会飞，**会保护**我们，**会惩罚恶人**，会做很多我想做的事情。我想当超人。
↓
wicked

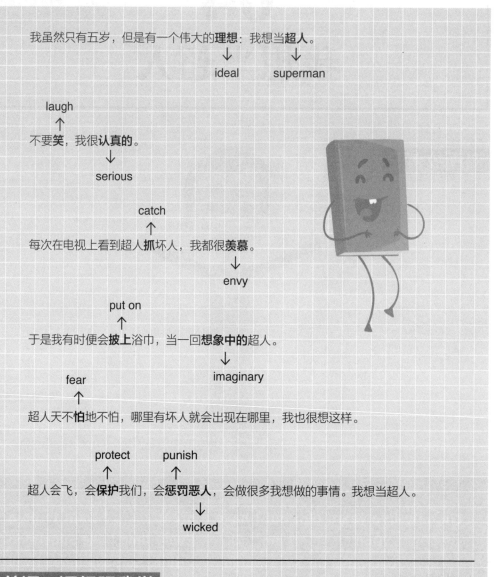

单词、词组跟我学

→ **ideal** [aɪ'di:əl] *n.* 理想 *a.* 理想的

→ **laugh** [lɑ:f] *v.* 笑

→ **catch** [kætʃ] *v.* 抓，赶上

→ **put on** 穿戴，增加

→ **fear** [fɪə(r)] *v.* 害怕，畏惧

→ **punish** ['pʌnɪʃ] *v.* 惩罚，处罚

→ **superman** ['su:pəmæn] *n.* 超人

→ **serious** ['sɪərɪəs] *a.* 认真的，严肃的

→ **envy** ['envi] *v.* 羡慕，嫉妒

→ **imaginary** [ɪ'mædʒɪnəri] *a.* 想象中的，假想的

→ **protect** [prə'tekt] *v.* 保护

→ **wicked** ['wɪkɪd] *a.* 邪恶的，恶劣的

同步练习题

protect	punish	wicked	superman
ideal	laugh	envy	imaginary
serious	put on	catch	fear

选出与下列图片相符的单词。

1. 　　2. 　　3. 　　4.

5. 　　6. 　　7. 　　8.

9. 　　10. 　　11. 　　12.

1. _____　　2. _____　　3. _____　　4. _____

5. _____　　6. _____　　7. _____　　8. _____

9. _____　　10. _____　　11. _____　　12. _____

你答对了几道题呢?

答案

1. put on	2. catch	3. fear	4. protect	5. laugh	6. punish
7. wicked	8. superman	9. envy	10. serious	11. imaginary	12. ideal

单词大作战

1. 叫醒	→	14. grow up	→	
2. 打开，调高	→	15. fear	→	
3. 当然	→	16. perhaps	→	
4. 批评	→	17. fulfilling	→	
5. 不明白	→	18. look after	→	
6. 购物狂	→	19. ideal	→	
7. 惩罚	→	20. catch	→	
8. 圣诞节	→	21. hard	→	
9. 羡慕，嫉妒	→	22. wicked	→	
10. 想象中的	→	23. put on	→	
11. It turns out that	→	24. tiring	→	
12. take a nap	→	25. serious	→	
13. protect	→			

答案

1. wake up / 2. turn on / 3. of course / 4. criticize / 5. have no idea / 6. shopaholic / 7. punish /
8. Christmas / 9. envy / 10. imaginary / 11. 原来是 / 12. 睡午觉 / 13. 保护 / 14. 长大 / 15. 害怕 /
16. 也许，或许 / 17. 充实的，使人满足的 / 18. 照顾，照看 / 19. 理想，理想的 / 20. 抓，赶上 /
21. 辛苦的，困难的，努力的 / 22. 邪恶的 / 23. 穿上 / 24. 累人的，令人疲倦的 / 25. 认真的，严肃的

05

健身的好处

Nowadays, more and more people begin to pay attention to exercise. Do you know what benefits can we get from it? First of all, exercise can make us keep good figure because we will lose fat and build muscles by working out. Secondly, medium strength training will make our strength increase and refresh us. And exercise also can help us prevent various diseases, such as osteoporosis, diabetes, high blood pressure and so on. In addition, it can also help us release pressure.

漫画故事译文

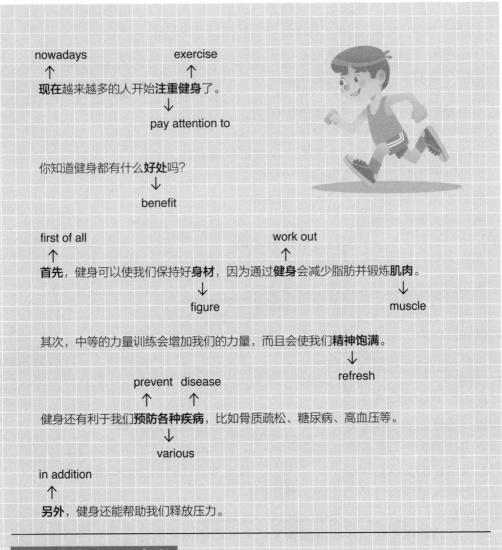

nowadays   exercise
↑

现在越来越多的人开始**注重健身**了。
↓
pay attention to

你知道健身都有什么**好处**吗?
↓
benefit

first of all   work out
↑   ↑

首先,健身可以使我们保持好**身材**,因为通过**健身**会减少脂肪并锻炼**肌肉**。
↓   ↓
figure   muscle

其次,中等的力量训练会增加我们的力量,而且会使我们**精神饱满**。
↓
refresh

prevent disease
↑   ↑

健身还有利于我们**预防各种疾病**,比如骨质疏松、糖尿病、高血压等。
↓
various

in addition
↑

另外,健身还能帮助我们释放压力。

单词、词组跟我学

→ **nowadays** ['naʊədeɪz] *ad.* 现在,如今

→ **pay attention to** 关注

→ **first of all** 首先

→ **figure** ['fɪɡə(r)] *n.* 身材,数字 *v.* 计算

→ **refresh** [rɪ'freʃ] *v.* 恢复精神,使振作

→ **disease** [dɪ'zi:z] *n.* 疾病

→ **in addition** 另外,此外

→ **exercise** ['eksəsaɪz] *v. & n.* 锻炼,练习

→ **benefit** ['benɪfɪt] *n.* 利益,好处

→ **work out** 锻炼,计算出

→ **muscle** ['mʌsl] *n.* 肌肉

→ **prevent** [prɪ'vent] *v.* 预防,阻止

→ **various** ['veərɪəs] *a.* 多样的,各种的

请在下列空格中填写合适的单词或词组，注意使用适当的形式。

1. _____ , the impact of global warming is more and more serious.
   如今，全球气候变暖的影响越来越严重了。

2. Jack sets aside an hour every evening for _____ .
   杰克每天晚上都会抽出1小时来健身。

3. I've been working so hard this morning that I haven't _____ it.
   我上午一直在忙工作，根本没关注这件事。

4. It turns out they can _____ from it.
   原来是他们能从中获益。

5. _____ , let's applaud the first guest.
   首先，让我们掌声欢迎第一位嘉宾。

6. It's amazing that she's still in such a good _____ after having a baby.
   她生完孩子后身材还能这么好，真是太神奇了。

7. I didn't expect that my _____ were sore this morning.
   没想到我今天早上会肌肉酸痛。

8. I feel _____ after sleeping enough.
   睡足后，我感觉神清气爽。

9. We acted immediately to _____ further deterioration.
   我们立即展开行动以防止情况进一步恶化。

10. There is no cure for the _____ now, but it can be controlled.
    这种疾病目前没有办法根治，但可以得到控制。

11. We tried _____ methods but still failed.
    我们试了各种各样的方法，但还是失败了。

12. _____ , we can reduce air pollution through green travel.
    另外，我们可以通过绿色出行来减少空气污染。

你答对了几道题呢？

答案

1. Nowadays	2. exercise / exercising / working out	3. paid attention to	4. benefit
5. First of all	6. figure	7. muscles	8. refreshed
9. prevent	10. disease	11. various	12. In addition

06

我们在旅行

My friend Jesse and I come from America. Today is the fifth day of our trip in Europe. First we visited the Louvre museum in France and appreciated the *Mona Lisa*; then we arrived in Lucerne, a famous summer resort in Switzerland, which boasts beautiful scenery. We were like in a painting when driving a boat through the lake; now we are in Italy, a country with a strong history. It's like we're going back in the Renaissance here, and everything is so attractive.

漫画故事译文

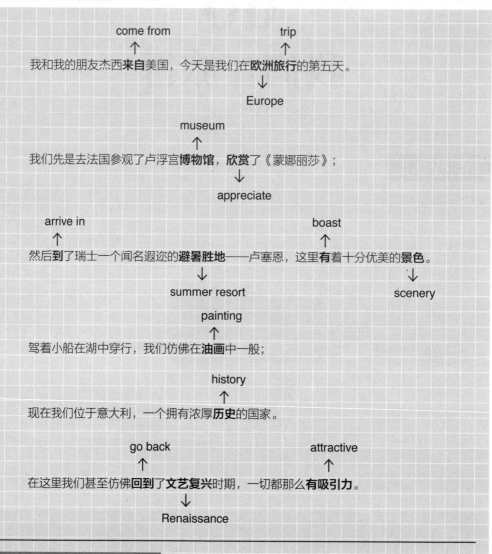

come from
↑
我和我的朋友杰西**来自**美国，今天是我们在**欧洲旅行**的第五天。
↓
Europe

trip
↑

museum
↑
我们先是去法国参观了卢浮宫**博物馆**，**欣赏**了《蒙娜丽莎》；
↓
appreciate

arrive in
↑
然后**到**了瑞士一个闻名遐迩的**避暑胜地**——卢塞恩，这里**有**着十分优美的**景色**。
↓
summer resort

boast
↑
↓
scenery

painting
↑
驾着小船在湖中穿行，我们仿佛在**油画**中一般；
↓
history
↑
现在我们位于意大利，一个拥有浓厚**历史**的国家。

go back
↑
在这里我们甚至仿佛**回到**了**文艺复兴**时期，一切都那么**有吸引力**。
↓
Renaissance

attractive
↑

单词、词组跟我学

→ **come from** 来自
→ **Europe** ['juərəp] *n.* 欧洲
→ **appreciate** [ə'pri:ʃɪeɪt] *v.* 欣赏，品鉴
→ **boast** [bəʊst] *v.* 拥有，自夸
→ **scenery** ['si:nəri] *n.* 景色，风景
→ **history** ['hɪstri] *n.* 历史
→ **attractive** [ə'træktɪv] *a.* 有吸引力的，迷人的

→ **trip** [trɪp] *n. & v.* 旅行
→ **museum** [mju'zi:əm] *n.* 博物馆
→ **arrive in** 到达
→ **summer resort** 避暑胜地
→ **painting** ['peɪntɪŋ] *n.* 油画，绘画
→ **go back** 回去，追溯
→ **Renaissance** [rɪ'neɪsns] *n.* 文艺复兴

请在下面的空格中填写相应的英文单词或词组，写出其原形即可。

汤姆来自 欧洲，

最近正在中国旅行。

他参观了故宫博物馆，

还欣赏了许多美丽的山水风景。

昨天他到了杭州，

杭州有着闻名遐迩的风景，

看着西湖美丽的风景，仿佛就置身于油画之中，

湖光山色也使游客好似就在避暑胜地。

除了令人陶醉的美景，杭州还是一座历史文化名城。

作为七大古都之一，杭州在历史上被称作"临安"，

我们在杭州像是回到了南宋时期。

这迷人的风景和历史韵味，

一点也不亚于文艺复兴时期的意大利。

你答对了几道题呢？

答案

come from	Europe	trip	museum	appreciate	scenery
arrive in	boast	painting	summer resort	history	go back
attracting	Renaissance				

07
心不在焉的吉米

"Jimmy, you answer this question. Jimmy?"
The teacher called Jimmy twice, but there was no response. What happened to Jimmy? It turned out that his mind was long gone from the class. Jimmy was absent-minded because yesterday his parents promised to take him to the amusement park this afternoon. So he's been thinking about it all the time. The result? Of course, Jimmy was punished by his teacher.

漫画故事译文

question
↑
"吉米，你来**回答**一下这个**问题**。吉米？"
↓
answer

response
↑
老师连叫了两声，吉米都没**反应**。吉米**怎么**了？
↓
happen

mind
↑
原来是他的**心思**早就不在课堂上了。

because   amusement park
↑   ↑
吉米之所以**心不在焉**，是**因为**爸爸妈妈昨天**答应**今天下午带他去**游乐园**玩。
↓   ↓
absent-minded   promise

think about
↑
所以他**一直**在**想**这件事。
↓
all the time

punish
↑
结果呢？当然是吉米被老师**惩罚**了。
↓
result

单词、词组跟我学

→ **question** ['kwestʃən] *n.* 问题

→ **response** [rɪ'spɒns] *n.* 反应，回应

→ **mind** [maɪnd] *n.* 想法，思维，脑海

→ **amusement park** 游乐园

→ **promise** ['prɒmɪs] *v. & n.* 承诺，许诺

→ **think about** 思考，考虑

→ **result** [rɪ'zʌlt] *n.* 结果

→ **answer** ['ɑ:nsə(r)] *v.* 回答 *n.* 答案

→ **happen** ['hæpən] *v.* 发生

→ **reason** ['ri:zn] *n.* 原因，理由

→ **absent-minded** [ˌæbsənt'maɪndɪd] *a.* 心不在焉的

→ **all the time** 一直

→ **punish** ['pʌnɪʃ] *n.* 惩罚，处罚

→ **stand up** 站起来

请在下列空格中填写合适的单词或词组，注意使用适当的形式。

1. The [_____] was beyond our expectation.
   这种结果超出了我们的预料。

2. Why were you [_____] at the meeting just now?
   刚刚开会的时候你怎么心不在焉的?

3. Why are there so many people ahead? What [_____]?
   前面怎么那么多人? 发生什么事了?

4. I hate there is no [_____] when I talk to someone else.
   我讨厌跟别人说话时对方没一点反应。

5. Whoever I call, he or she is supposed to [_____].
   我叫到谁，谁就站起来。

6. I haven't been to an [_____] since then.
   从那时起，我就再也没去过游乐园了。

7. Out of sight, out of [_____].
   眼不见，心不烦。

8. Do you have any particular [_____] for doing so?
   你这样做是有什么特别的理由吗?

9. He only gave me two days to [_____] it.
   他只给了我两天的时间来考虑这件事。

10. We finally overrode the [_____] to the [_____] given in the book.
    我们最终推翻了书上给的这道题的答案。

11. Those who don't follow the rules of the game will be [_____].
    不遵守游戏规则的人会受到惩罚。

12. He hasn't kept his [_____] three times, so I won't believe him again.
    他已经三次没有信守承诺了，所以我不会再相信他了。

13. I've been working on how this machine works [_____].
    我一直在研究这个机器的工作原理。

你答对了几道题呢?

答案

1. result	2. absent-minded	3. happened	4. response	5. stand up
6. amusement park	7. mind	8. reason	9. think about	
10. answer; question	11. punished	12. promise	13. all the time	

08

尴尬的经历

Yesterday a girl came when I studied in the library. She sat down for a while and took out a box of cookies to eat. Soon a boy came and sat by the same table with us. After a while he also reached for the girl's cookies, and the girl didn't say anything. I thought he might be so hungry that he couldn't help it. However, after a while, I also couldn't help but reach for her cookies, and the girl looked at me and didn't say anything either. Later, they both stood up and walked away hand in hand. I just then knew that they are a couple. It was so embarrassing!

漫画故事译文

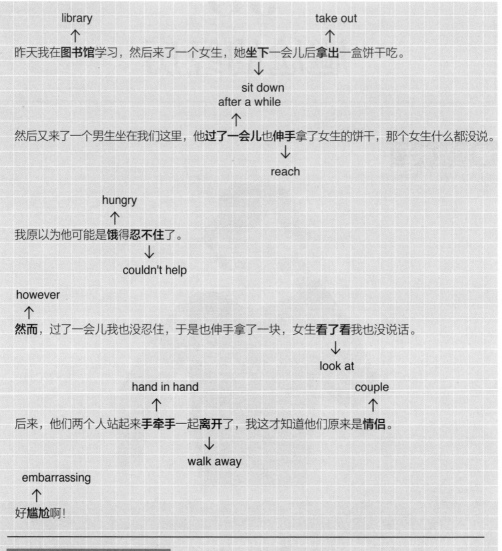

library
↑
昨天我在**图书馆**学习，然后来了一个女生，她**坐下**一会儿后**拿出**一盒饼干吃。

take out
↑

↓
sit down

after a while
↑
然后又来了一个男生坐在我们这里，他**过了一会儿**也**伸手**拿了女生的饼干，那个女生什么都没说。

↓
reach

hungry
↑
我原以为他可能是**饿**得**忍不住**了。

↓
couldn't help

however
↑
然而，过了一会儿我也没忍住，于是也伸手拿了一块，女生**看了看**我也没说话。

↓
look at

hand in hand
↑
后来，他们两个人站起来**手牵手**一起**离开**了，我这才知道他们原来是**情侣**。

couple
↑

↓
walk away

embarrassing
↑
好**尴尬**啊！

单词、词组跟我学

→ **library** ['laɪbrəri] *n.* 图书馆

→ **sit down** 坐下

→ **reach** [ri:tʃ] *v.* 伸手（拿、够某物），达到

→ **couldn't help** 忍不住

→ **look at** 看

→ **couple** ['kʌpl] *n.* 夫妇，情侣，一对

→ **embarrassing** [ɪm'bærəsɪŋ] *a.* 令人尴尬的

→ **take out** 拿出，除掉

→ **after a while** 过了一会儿，不久

→ **hungry** ['hʌŋgri] *a.* 饥饿的

→ **however** [haʊ'evə(r)] *ad.* 然而，可是

→ **hand in hand** 手牵手地，携手

→ **walk away** 离开，走开，脱身

同步练习题

hand in hand	couldn't help	take out	look at	hungry
after a while	library	couple	embarrassing	
sit down	walk away	however	reach	

选词填空，注意填写适当的形式。

1. I didn't see him [   ] from me because I paid all my attention on my phone.
   我没有看见他从我身边走开，因为我当时的注意力全在手机上。

2. He didn't eat all day, but he told me that he wasn't [   ].
   他一整天都没吃饭，但是却告诉我不饿。

3. I don't know where he [   ] a book and pretended to read.
   不知道他从哪里拿出一本书，装模作样地看了起来。

4. There was a [   ] arguing on the street, with a lot of people watching.
   有一对情侣在大街上吵架了，很多人在围观。

5. It's amazing that she want to have a baby, and [   ], she got pregnant.
   她想要一个孩子，结果不久后就怀孕了，真是太神奇了。

6. Seeing their family together, I [   ] but wonder when I would be home.
   看到他们一家人在一起，我忍不住会想我什么时候才能回家呢。

7. I didn't know he saw me crying. It was so [   ].
   我不知道他看到我哭了，真是太尴尬了。

8. Mike is too short to [   ] the basketball on the shelf.
   迈克个子太矮，够不着架子上的那个篮球。

9. In summer, my husband and I often walk by the lake [   ] after supper.
   夏天，我和我丈夫经常晚饭后手牵手在湖边散步。

10. I arrived at the cafe on time, [   ], she didn't show up.
    我准时到达了那家咖啡馆，但是她却没有露面。

你答对了几道题呢？

答案

1. walking away	2. hungry	3. took out	4. couple	5. after a while
6. couldn't help	7. embarrassing	8. reach	9. hand in hand	10. however

单词大作战

1. pay attention to →

2. refresh →

3. prevent →

4. appreciate →

5. scenery →

6. amusement park →

7. absent-minded →

8. punish →

9. couldn't help →

10. embarrassing →

11. 利益，好处 →

12. 锻炼，计算出 →

13. 身材，数字，计算 →

14. 疾病 →

15. 多样的，各种的 →

16. 避暑胜地 →

17. 有吸引力的，迷人的→

18. 反应，回应 →

19. 发生 →

20. 想法，思维，脑海 →

21. 承诺，许诺 →

22. 过了一会儿，不久 →

23. 伸手（拿、够某物）→

24. 然而，可是 →

25. 离开，走开，脱身 →

答案

1. 关注 / 2. 恢复精神，使振作 / 3. 预防，阻止 / 4. 欣赏，品鉴 / 5. 景色，风景 / 6. 游乐园 / 7. 心不在焉的 / 8. 惩罚，处罚 / 9. 忍不住 / 10. 令人尴尬的 / 11. benefit / 12. work out / 13. figure / 14. disease / 15. various / 16. summer resort / 17. attractive / 18. response / 19. happen / 20. mind / 21. promise / 22. after a while / 23. reach / 24. however / 25. walk away

09

中秋节的传说

漫画故事汇

Legend has it that a long time ago, there were ten suns in the sky, baking the earth to smoke. Then a hero, named Hou Yi, shot down nine suns. Suddenly, Hou Yi became famous, and there were so many people worshiping him, among them a bad man named Peng Meng. One day, Hou Yi ran into the Queen Mother in a mountain. Then he asked her for an elixir, which will make him immortal. But Hou Yi couldn't bear to leave his wife Chang'e, so he gave the elixir to Chang'e for preserving, which was learnt by Peng Meng. Later, Hou Yi led all the men to go hunting, while Peng Meng pretended to be sick and stayed. And then he forced Chang'e to give him the elixir. Chang'e knew that she couldn't beat him, so she took the medicine in a hurry. After Hou Yi came back, he was so heartbroken and cried toward the sky. At this time he found that the moon was unusually bright and clear, and there was a figure in it which looked like Chang'e. Therefore, he placed her favorite snacks in the back garden to send his wishes to Chang'e from afar. Since then, the Mid-Autumn festival custom has spread among the people.

漫画故事译文

传说很久很久以前，天上有十个太阳，**烤**得大地冒烟。
↓ (legend has it that)　↑ (bake)

这时有个叫后羿的英雄射下了九个太阳，**霎时间**后羿威名远播，于是有很多人**崇拜**他，其中就有一个叫蓬蒙的坏人。
↑ (suddenly)　↓ (worship)

有一天，后羿上山**正好碰见**王母娘娘，于是便向她求了一颗**长生不老药**，吃了这种药便能成**仙**。
↑ (run into)　↑ (elixir)　↓ (immortal)

但后羿舍不得离开自己的妻子嫦娥，于是就把药交给了嫦娥**保管**，
↓ (preserve)　↑ (force)

并且这件事被蓬蒙知道了。后来后羿带领众人去狩猎，蓬蒙却装病在家，之后他**逼**嫦娥把药交出来。

嫦娥知道自己不是他的对手，**情急之下**便把药吃了下去。
↑ (in a hurry)

后羿**回来**后**悲痛欲绝**，仰天大哭。此时，他发现月亮异常皎洁，里面有个身影很像嫦娥。
↑ (come back)　↓ (heartbroken)

于是他便在后花园摆上嫦娥**最爱的**点心以**遥**寄嫦娥。从此，中秋节的习俗便在民间**传开**。
↑ (from afar)　↓ (favorite)　↓ (spread)

单词、词组跟我学

- → **legend has it that** 传说
- → **suddenly** ['sʌdənli] *ad.* 突然
- → **run into**（偶然）遇到
- → **immortal** [ɪ'mɔːtl] *a.* 永恒的，神的
- → **force** [fɔːs] *n.* 武力 *v.* 强迫
- → **come back** 回来，再流行
- → **from afar** 从远方，从远处
- → **spread** [spred] *v.* 传播，伸开

- → **bake** [beɪk] *v.* 烤，变得炙热
- → **worship** ['wɜːʃɪp] *v.* 崇拜
- → **elixir** [ɪ'lɪksə(r)] *n.* 长生不老药
- → **preserve** [prɪ'zɜːv] *v.* 保存，保持，腌制
- → **in a hurry** 急忙，立即
- → **heartbroken** ['hɑːtbrəʊkən] *a.* 悲伤的，心碎的
- → **favorite** ['feɪvərɪt] *a.* 最爱的

同步练习题

请在下列空格中填写合适的单词或词组，注意使用适当的形式。

1. I was [   ] to hear that he left us forever.
   听说他永远离开我们了，我很伤心。

2. My father is always the one I [   ] most.
   我的爸爸永远是我最崇拜的人。

3. I [   ] my former classmate in the supermarket last night.
   我昨晚在超市里偶然遇到了我以前的同学。

4. Some people like to eat [   ] pickles, while others don't.
   有的人喜欢吃腌制的咸菜，有的人却不喜欢。

5. [   ] unicorns represent nobility, arrogance and purity.
   传说独角兽代表着高贵、高傲和纯洁。

6. Ridiculous as it was, the rumor [   ] throughout the company.
   尽管很荒谬，但是这个谣言还是在公司里传开了。

7. Most people desire to be [   ].
   大多数人都渴望长生。

8. As soon as I opened my eyes, it was 7:30; so I got up [   ] to go to work.
   我一睁眼已经七点半了，于是急忙起床去上班。

9. It is always a pleasure to greet a friend [   ].
   有朋自远方来，不亦乐乎？

10. He [   ] me to read the book written by him, which makes me really speechless.
    他强迫我看他写的书，我真的很无语。

你答对了几道题呢？

答案

1. heartbroken	2. worship	3. ran into	4. preserved	5. Legend has it that
6. spread	7. immortal	8. in a hurry	9. from afar	10. forced

10

看电影的风波

There's a new movie released recently, starring my favorite actor
Leonardo DiCaprio. So I was happy and excited to make a phone call
to my good friend Mary about watching the movie together tomorrow.
I was at school that time, so I booked two tickets on the Internet.
However, I found out that, because of excitement, I bought the tickets
which are used for this afternoon after buying them! I couldn't go to
watch the movie since I had to attend class in the afternoon, so Mary
had to go to see it by herself. Then I booked two more tickets for
tomorrow, and asked her to accompany me to watch it again. We all
like Leo anyway.

漫画故事译文

release
↑
最近上映了一部新电影，是我最喜欢的演员莱昂纳多·迪卡普里奥**担任主演**。
↓　　　　　　　　　　　　　　　　　　　　　　↓
recently　　　　　　　　　　　　　　　　　　star

excited
↑
于是我又兴奋又**激动地**给我的好朋友玛丽**打电话**，约着明天一起看电影。
↓
make a phone call

book
↑
当时我还在学校，所以就在网上**订**了两张票。

find out
↑
可是因为我有点激动，买完票之后才**发现**我竟然买成了今天下午**用**的！
↓
be used for

attend class
↑
由于我下午还要**上课**，没办法去看，玛丽只好**自己一个人**先去看。
↓
by oneself

accompany
↑
然后我又订了两张**明天**的票，让她**陪**我再看一遍，**反正**我们都很喜欢莱昂纳多。
↓　　　　　　　　　　　　　　　↓
tomorrow　　　　　　　　　　　anyway

单词、词组跟我学

→ **release** [rɪ'liːs] **v.** 释放，发行，上映

→ **star** [stɑː(r)] **n.** 星星，明星 **v.** 由……主演

→ **make a phone call** 打电话

→ **find out** 发现，弄清

→ **be used for** 用于

→ **accompany** [ə'kʌmpəni] **v.** 陪伴

→ **anyway** ['enɪweɪ] **ad.** 无论如何，反正

→ **recently** ['riːsntli] **ad.** 最近

→ **excited** [ɪk'saɪtɪd] **a.** 兴奋的，激动的

→ **book** [bʊk] **n.** 书 **v.** 预订

→ **attend class** 上课

→ **by oneself** 单独，独自

→ **tomorrow** [tə'mɒrəʊ] **n.** 明天

同步练习题

请在下面的空格中填写相应的英文单词或词组，写出其原形即可。

他上个月发行了一张新专辑，

_____

而且主打歌的MV是自己主演的。

_____

所以他最近经常在全国各地做宣传。

_____

我知道他发新歌后也很激动，

_____

因为我不仅是他的朋友，也是他的歌迷。

他的新专辑发行的第二天我就给他打了一个电话，给他加油，

_____

而且我还在网上预订了他的这张专辑。

_____

后来上课的时候我发现我的同学也是他的歌迷，

_____   _____

同学知道我是他的朋友后就让我帮忙要签名，

想要用来珍藏。

_____

于是我周末就自己一个人去找他了。

_____

那天我陪他聊了很久，

_____

他还说明天请我吃饭，

_____

但是我无论如何也不能答应，

_____

因为他现在太忙了。

你答对了几道题呢？

答案

release	star	recently	excited	make a phone call	book
attend class	find out	(be) used for	by myself	accompany	tomorrow	anyway

35

11

手机购物

Now, with more and more advanced science and technology, people can even buy things with their mobile phones, which was unimaginable two decades ago. Now we can easily buy things we want through shopping apps on our mobile phones, and we can even buy overseas products. If we are too busy to go shopping, we can use our mobile phones for shopping, which is really convenient.

漫画故事译文

advanced
↑
现在的**科技**越来越**发达**了，人们甚至可以用手机买东西，
↓
science and technology

decade
↑
这在二**十年**前还是**不可思议的**事。
↓
unimaginable

through
↑
现在我们**通过**手机上的购物软件，就能**轻松**买到自己想要的东西，
↓
easily

overseas
↑
而且还可以买到**海外商品**。
↓
product

convenient
↑
如果我们平时太忙，没有时间逛街，那么就直接可以用手机购物，真是太**方便**了。

单词、词组跟我学

→ **science and technology** 科技

→ **decade** ['dekeɪd] *n.* 十年

→ **through** [θru:] *prep.* 通过，凭借

→ **easily** ['i:zəli] *ad.* 轻松地，容易地

→ **product** ['prɒdʌkt] *n.* 产品

→ **convenient** [kən'vi:nɪənt] *a.* 便利的，方便的

→ **advanced** [əd'vɑ:nst] *a.* 先进的，高级的，晚期的

→ **unimaginable** [ˌʌnɪ'mædʒɪnəbl] *a.* 难以想象的

→ **overseas** [ˌəʊvə'si:z] *a.* 海外的 *ad.* 在海外

37

同步练习题

请在下列空格中填写合适的单词或词组，注意使用适当的形式。

1. It's _____ that he should have won the championship three times in a row.
   他竟然连续三次获得冠军，真是不可思议。

2. Jesse finally realized his dream _____ continuous efforts.
   通过不断努力，杰西终于实现了自己的梦想。

3. A few _____ ago, it was a desolate village, but now it has developed into a metropolis.
   几十年前，这里还是荒无人烟的小山村，但现在已经发展成了大都市。

4. Mr. White has _____ lung cancer and doctors said he has at most one year left to live.
   怀特先生的肺癌已经到了晚期，医生说他最多只能再活一年。

5. Since the industrial revolution, _____ has been developing rapidly.
   自工业革命以来，科技便开始飞速发展。

6. The new _____ developed by the company is very practical.
   该公司研发出的新产品很实用。

7. _____ travel has become more and more popular in recent years.
   近些年来，境外游越来越受欢迎。

8. He seems to have finished the performance _____, but in fact he practiced it countless times.
   他看似很轻松地就完成了表演，但实际上他练习了无数次。

9. Could you pick me up this afternoon if it's _____?
   如果方便的话，你下午可以来接我吗？

你答对了几道题呢？

答案

1. unimaginable   2. through   3. decades   4. advanced   5. science and technology

6. product   7. Overseas   8. easily   9. convenient

12

骄傲的约翰

漫画故事汇

John did very well in the exam last time, so he thought he knows everything. Therefore, he did not listen to the teacher in class, for he thought: I know all the knowledge! If his classmates asked him some questions, he would be proud to give them some tips. As a result, John was dumbfounded when the exam results were announced this morning. How come there are so many mistakes? It really is that modesty helps one to make progress, and conceit makes one lag behind.

漫画故事译文

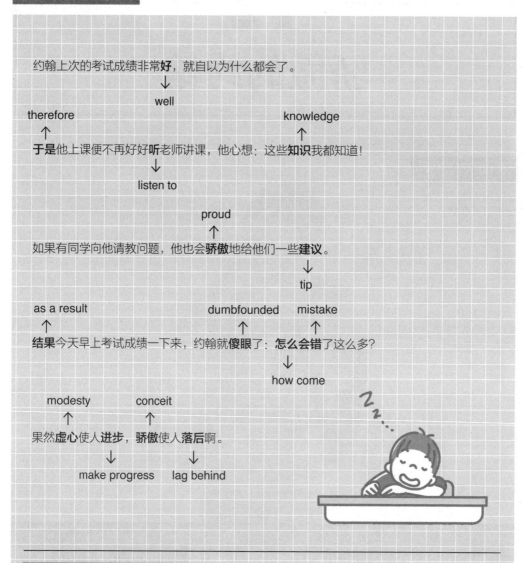

约翰上次的考试成绩非常**好**，就自以为什么都会了。
↓
well

therefore   knowledge
↑   ↑
于是他上课便不再好好**听**老师讲课，他心想：这些**知识**我都知道！
↓
listen to

proud
↑
如果有同学向他请教问题，他也会**骄傲**地给他们一些**建议**。
↓
tip

as a result   dumbfounded   mistake
↑   ↑   ↑
结果今天早上考试成绩一下来，约翰就**傻眼**了：**怎么会错**了这么多？
↓
how come

modesty   conceit
↑   ↑
果然**虚心**使人**进步**，**骄傲**使人**落后**啊。
↓   ↓
make progress lag behind

单词、词组跟我学

→ **well** [wel] **ad.** 好

→ **knowledge** ['nɒlɪdʒ] **n.** 知识

→ **proud** [praud] **a.** 骄傲的，自豪的

→ **as a result** 结果

→ **mistake** [mɪ'steɪk] **n.** 错误 **v.** 弄错

→ **modesty** ['mɒdəsti] **n.** 谦虚

→ **make progress** 进步，取得进展

→ **therefore** ['ðeəfɔ:(r)] **ad.** 因此

→ **listen to** 听

→ **tip** [tɪp] **n.** 建议，小费，尖端

→ **dumbfounded** [dʌm'faundɪd] **a.** 目瞪口呆的

→ **how come** 怎么会，为什么

→ **conceit** [kən'si:t] **n.** 自负

→ **lag behind** 落后

同步练习题

well	therefore	knowledge	listen to	proud
tip	as a result	dumbfounded	mistake	how come
modesty	conceit	make progress	lag behind	

选词填空，注意填写适当的形式。

1. We must [_____] in what we are not good at.
   我们一定要在自己不擅长的方面取得进展。

2. [_____], instead of being criticized, we were praised.
   结果，我们不仅没有受到批评，而且还受到了表扬。

3. Generally speaking, [_____] are closely related to one's level of consumption.
   一般来说，小费与消费水平密切相关。

4. [_____] so many people don't know her?
   怎么会有那么多人不认识她呢？

5. I [_____] a stranger for Jack this morning.
   我今天早上把一个陌生人错当成了杰克。

6. Although it seems that the national economy is up now, some areas are still [_____].
   虽然现在看上去全国的经济水平上来了，但有些地区仍然很落后。

7. To tell you the truth, I'm [_____] of you.
   说实话，我为你感到自豪。

8. John was [_____] about Mike's behavior.
   约翰对迈克的行为目瞪口呆。

9. [_____] me. The first thing we have to do now is to tell him about it.
   听我说，我们现在首先要做的就是把这件事告诉他。

10. His [_____] won over everyone.
    他的谦虚赢得了所有人的好感。

你答对了几道题呢？

答案

1. make progress	2. As a result	3. tips	4. How come	5. mistook
6. lagging behind	7. proud	8. dumbfounded	9. Listen to	10. modesty

单词大作战

1. 传说	→	13. 海外的，在海外	→
2. 崇拜	→	14. 结果	→
3. 保存，保持，腌制	→	15. 谦虚	→
4. 传播，伸开	→	16. suddenly	→
5. 释放，发行，上映	→	17. run into	→
6. 先进的，高级的，晚期的	→	18. immortal	→
7. 难以想象的	→	19. in a hurry	→
8. 便利的，方便的	→	20. favorite	→
9. 进步，取得进展	→	21. by oneself	→
10. 落后	→	22. anyway	→
11. 陪伴	→	23. decade	→
12. 科技	→	24. proud	→
		25. mistake	→

答案

1. legend has it that / 2. worship / 3. preserve / 4. spread / 5. release / 6. advanced / 7. unimaginable /
8. convenient / 9. make progress / 10. lag behind / 11. accompany / 12. science and technology /
13. overseas / 14. as a result / 15. modesty / 16. 突然 / 17.（偶然）遇到 / 18. 永恒的，神的 /
19. 急忙，立即 / 20. 最爱的 / 21. 单独，独自 / 22. 无论如何，反正 / 23. 十年 / 24. 骄傲的，自豪的 /
25. 错误，搞错

13
令人头疼的双胞胎

漫画故事汇

Jansen and Kaysen are identical twin brothers, whose only difference is that Jansen has a tiny mole on his neck. They are three years old now, exactly an age of being naughty. They would sit on the floor and wouldn't stand up no matter what their mother says; when eating, they would insist on eating by themselves, and as a result, the food spills all over; when one of them plays with a toy, the other would try to grab it; and they are sure to chase each other for a while before going to bed at night. The twins are a real pain in the neck!

漫画故事译文

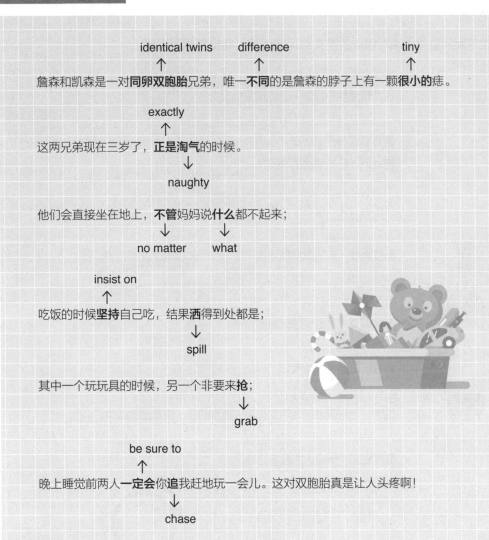

identical twins   difference   tiny

↑   ↑   ↑

詹森和凯森是一对**同卵双胞胎**兄弟，唯一**不同**的是詹森的脖子上有一颗**很小的**痣。

exactly

↑

这两兄弟现在三岁了，**正是淘气**的时候。

↓

naughty

他们会直接坐在地上，**不管**妈妈说**什么**都不起来；

↓   ↓

no matter   what

insist on

↑

吃饭的时候**坚持**自己吃，结果**洒**得到处都是；

↓

spill

其中一个玩玩具的时候，另一个非要来**抢**；

↓

grab

be sure to

↑

晚上睡觉前两人**一定会**你**追**我赶地玩一会儿。这对双胞胎真是让人头疼啊！

↓

chase

单词、词组跟我学

→ **identical twins** 同卵双胞胎

→ **tiny** ['taɪni] *a.* 微小的

→ **naughty** ['nɔ:ti] *a.* 调皮的，淘气的

→ **insist on** 坚持

→ **grab** [græb] *v.* 抓，夺取

→ **chase** [tʃeɪs] *v.* 追赶，追捕

→ **difference** ['dɪfrəns] *n.* 差异，不同

→ **exactly** [ɪg'zæktli] *ad.* 正是，恰好

→ **no matter what** 不管什么

→ **spill** [spɪl] *v.* 洒出，溢出

→ **be sure to** 一定，必定

同步练习题

请在下面的空格中填写相应的英文单词或词组，写出其原形即可。

经过调查，

这几起案件一定是一对同卵双胞胎做的。

☐ ☐ ☐

警方发现虽然这些案件相似，

但其中还是有细微的 差别，

☐ ☐

这恰恰为警方提供了线索。

☐

而且嫌疑人还在案发现场留下了 一张写有调皮内容的字条，

☐

旨在故意激怒办案人员。

不管嫌疑人是出于什么目的，

☐

警方都坚持查找线索。

☐

后来，正是通过那名陌生人手里抓着的瓶子里洒出的液体，

☐ ☐

警方发现了嫌疑人的藏身之地，

于是便对他展开追捕。

☐

你答对了几道题呢？

答案

be sure to	identical twins	tiny	difference	exactly	naughty
no matter what	insist on	grab	spill		chase

46

14
动物园的故事

Yesterday, my parents took me to the zoo where we saw many animals, including giraffes with long necks, elephants with long noses, fierce tigers and lions, peacocks with beautiful feathers and so on. But what impressed me most was those lovely penguins! They have short legs, which makes them walk in an unsteady and cute way. Moreover, we saw monkeys. They are quite clever because they would peel bananas by themselves!

漫画故事译文

昨天**爸爸妈妈**带我去了动物园，我们看了很多动物。
↓
parents

其中**包括**脖子很长的长颈鹿，鼻子很长的大象，还有**凶猛的**老虎和狮子，
↓   ↓
include   fierce

feather
↑
以及有着漂亮**羽毛**的**孔雀**等。
↓
peacock

impress
以下
但给我**印象**最深的就是那些可爱的企鹅了！

unsteady
↑
它们的腿短短的，走起路来**摇摇晃晃**的，十分可爱。

quite
↑
另外，我们还去看了猴子，它们**很**聪明，因为它们吃香蕉的时候会自己**剥皮**！
↓   ↓
moreover   peel

单词、词组跟我学

→ **impress** [ɪm'pres] *v.* 使留下印象，使钦佩

→ **fierce** [fɪəs] *a.* 凶猛的，激烈的

→ **peacock** ['piːkɒk] *n.* 孔雀，骄傲自大或爱慕虚荣的人

→ **unsteady** [ʌn'stedi] *a.* 不牢固的，不稳的

→ **moreover** [mɔːr'əʊvə(r)] *ad.* 另外，此外

→ **parents** ['peərənts] *n.* 父母

→ **feather** ['feðə(r)] *n.* 羽毛

→ **include** [ɪn'kluːd] *v.* 包括

→ **quite** [kwaɪt] *ad.* 很，相当

→ **peel** [piːl] *n.* 果皮 *v.* 剥皮

请在下列空格中填写合适的单词或词组，注意使用适当的形式。

1. She ⬚ me only with her long red windbreaker.
   她给我留下的印象只有她那件红色的长风衣。

2. This porcelain was made in the Tang Dynasty. ⬚ , we have seen other cultural relics.
   这件瓷器是唐朝的。此外，我们还观赏了其他文物。

3. Many ⬚ are proud of their children.
   许多父母都会为他们的孩子感到骄傲。

4. They finished the task in advance, which ⬚ satisfied their boss.
   他们提早完成了任务，这让他们的老板很满意。

5. Walter is dressed like a ⬚ today. What is he trying to do?
   沃尔特今天打扮得跟孔雀一样，他是想干嘛？

6. Tom lived up to everyone's expectation and won the ⬚ match.
   汤姆不负众望，在激烈的比赛中获胜了。

7. Everyone, ⬚ Jesse, shall be here on time tomorrow.
   包括杰西在内的所有人明天都要准时到这里。

8. I'm not very good at ⬚ apples with a knife.
   我不太会用刀给苹果削皮。

9. ⬚ price will bring certain effect to consumer.
   不稳定的价格会给消费者带来一定影响。

10. A ⬚ was plugged in her hat as decoration.
    她的帽子上插有一根羽毛作为装饰。

你答对了几道题呢？

答案

1. impressed	2. Moreover	3. parents	4. quite	5. peacock
6. fierce	7. including	8. peeling	9. Unsteady	10. feather

15
奇葩的求职者

Yesterday, I interviewed several young people, some of whom really surprised me, which reminded me of some weird job applicants I once met. There was a man who came in and cottoned up to me, and he kept on talking before I could say a few words. Another applicant, who I thought great when I talked to him, took out a small mirror and looked into it at the end of the interview as if there was no one else present. And some people would have a resume that says something totally unrelated to the job they're looking for.

漫画故事译文

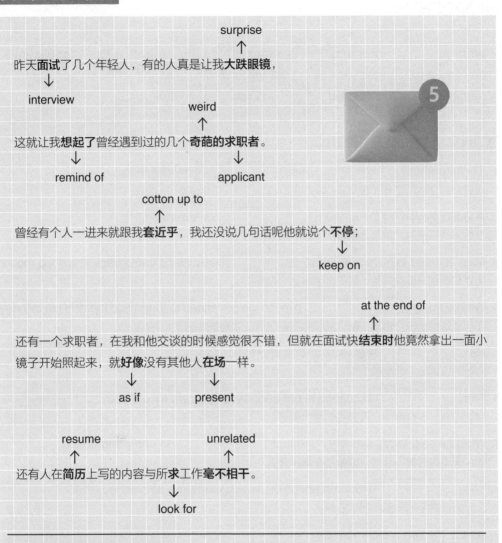

surprise
↑
昨天**面试**了几个年轻人，有的人真是让我**大跌眼镜**，
↓
interview

weird
↑
这就让我**想起了**曾经遇到过的几个**奇葩的求职者**。
↓   ↓
remind of   applicant

cotton up to
↑
曾经有个人一进来就跟我**套近乎**，我还没说几句话呢他就说个**不停**；
↓
keep on

at the end of
↑
还有一个求职者，在我和他交谈的时候感觉很不错，但就在面试快**结束时**他竟然拿出一面小镜子开始照起来，就**好像**没有其他人**在场**一样。
↓   ↓
as if   present

resume   unrelated
↑   ↑
还有人在**简历**上写的内容与所**求**工作**毫不相干**。
↓
look for

单词、词组跟我学

→ **surprise** [sə'praɪz] *n.* 惊喜 *v.* 使惊讶

→ **weird** [wɪəd] *a.* 奇怪的，不可思议的

→ **applicant** ['æplɪkənt] *n.* 申请人，求职者

→ **keep on** 继续，一直

→ **as if** 仿佛，好像

→ **look for** 寻找

→ **present** ['preznt] *a.* 目前的，在场的 *n.* 礼物 *v.* 呈现

→ **interview** ['ɪntəvjuː] *n. & v.* 对……进行面试，采访

→ **remind ... of** 使想起，使回忆起

→ **cotton up to** 套近乎

→ **at the end of** 在……结束时

→ **resume** [rɪ'zjuːm] *v.* 重新开始，继续

→ **unrelated** [ˌʌnrɪ'leɪtɪd] *a.* 不相关的

同步练习题

surprise	interview	weird	remind...of	applicant
cotton up to	keep on	at the end of	as if	present
resume	unrelated	look for		

选词填空，注意填写适当的形式。

1. These photos [   ] me [   ] my childhood.
   这些照片让我回忆起了童年。

2. A video played on the screen [   ] his speech.
   在他讲话结束时，屏幕上播放了一段视频。

3. Mike seemed to have a good [   ] because he came back in a good mood.
   迈克的面试好像很顺利，因为他回来后心情很好。

4. We are going to [   ] him, so we pretended to forget that today is his birthday.
   我们准备给他一个惊喜，所以就假装忘记了今天是他的生日。

5. He [   ] his work after a short vacation.
   短暂的假期后，他继续工作。

6. The [   ] situation is not bad, as long as we try our best.
   目前的情况不算糟糕，只要我们尽力就好。

7. What he said today was very unusual, [   ] to imply something.
   他今天说的话很不寻常，好像是在暗示什么。

8. She [   ] running until 3:00, which made me astonished.
   让我惊讶的是她一直跑到了三点。

9. In fact, the two are completely [   ].
   其实这两者之间完全没有关系。

10. All the [   ] shall submit the materials as required.
    所有申请人应按要求提交材料。

你答对了几道题呢？

答案

1. remind; of	2. at the end of	3. interview	4. surprise	5. resumed
6. present	7. as if	8. kept on	9. unrelated	10. applicants

16
没电的机器人

As a human in the 22nd century, Page naturally had a robot to help her with everything. This morning, Page told the robot what to do and went to work. When Page came home from work at night and saw that the lights were off, she called out, "Eva, where are you?" But her robot Eva did not respond. When she turned on the light, Page saw that Eva had done nothing for her — she didn't wash the clothes, clean the room or cook. What's going on here? It turned out that Eva was out of power.

漫画故事译文

century   robot

作为22**世纪**的人类，佩奇**自然**也有一个**机器人**来帮助自己打点一切。

naturally

go to work

这天早上，佩奇把要做的事告诉机器人后就去**上班**了。

come home

晚上下班**回家**后，佩奇看见家里的灯没亮，她**叫**道："伊娃，你在哪？"

call out

respond

可是她的机器人伊娃并没有**回应**她。

wash

打开灯后，佩奇发现伊娃**什么也没**帮她**做**，衣服没**洗**、卫生没打扫、饭也没做。**怎么回事**呢？

do nothing   what's going on

原来是伊娃**没电**了。

out of power

单词、词组跟我学

→ **century** ['sentʃəri] *n.* 世纪，百年

→ **robot** ['rəʊbɒt] *n.* 机器人

→ **come home** 回家

→ **respond** [rɪ'spɒnd] *v.* 反应，回应

→ **do nothing** 什么也不做

→ **out of power** 没电的，失去权势的

→ **naturally** ['nætʃrəli] *ad.* 自然地，天生地，合理地

→ **go to work** 去上班

→ **call out** 大叫，召集

→ **wash** [wɒʃ] *v.* 洗

→ **what's going on** 怎么了

54

同步练习题

wash	what's going on	come home	robot	century
do nothing	go to work	call out	respond	

选出与下列图片相符的单词。

1.
2.
3.

4.
5.
6.

7.
8.
9.

1. _____ 2. _____ 3. _____ 4. _____ 5. _____

6. _____ 7. _____ 8. _____ 9. _____

你答对了几道题呢？

答案

1. century   2. respond   3. come home   4. robot   5. do nothing

6. what's going on   7. call out   8. wash   9. go to work

单词大作战

1. difference → _____

2. insist on → _____

3. grab → _____

4. chase → _____

5. fierce → _____

6. peel → _____

7. applicant → _____

8. present → _____

9. resume → _____

10. naturally → _____

11. 正是，恰好 → _____

12. 洒出，溢出 → _____

13. 一定，必定 → _____

14. 使留下印象，使钦佩
→ _____

15. 不牢固的，不稳的 → _____

16. 很，相当 → _____

17. 另外，此外 → _____

18. 惊喜，使惊讶 → _____

19. 对……进行面试，采访
→ _____

20. 奇怪的，不可思议的
→ _____

21. 使想起，使回忆起 → _____

22. 仿佛，好像 → _____

23. 不相关的 → _____

24. 大叫，召集 → _____

25. 没电的，失去权势的
→ _____

答案

1. 差异，不同 / 2. 坚持 / 3. 抓，夺取 / 4. 追赶，追捕 / 5. 凶猛的，激烈的 / 6. 果皮，剥皮 / 7. 申请人，求职者 / 8. 目前的，在场的，礼物，呈现 / 9. 简历，重新开始，恢复 / 10. 自然地，天生地，合理地 / 11. exactly / 12. spill / 13. be sure to / 14. impress / 15. unsteady / 16. quite / 17. moreover / 18. surprise / 19. interview / 20. weird / 21. remind...of / 22. as if / 23. unrelated / 24. call out / 25. out of power

17

奇怪的礼物

漫画故事汇

Today is my 18th birthday, and one of the gifts I received made me laugh and cry. Not long ago a good friend asked me if I had any gifts I wanted, and I said anything is okay, just not too expensive. Today, I opened the beautifully wrapped gift he gave me. It was a book about various laws! He said that I am an adult now and he gave this book to remind me not to break the law. The strange gift simply makes me don't know what to say.

漫画故事译文

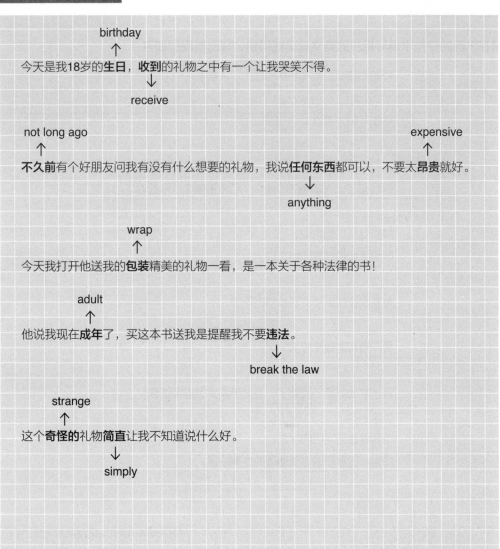

birthday
↑
今天是我18岁的**生日**，**收到**的礼物之中有一个让我哭笑不得。
↓
receive

not long ago
↑
不久前有个好朋友问我有没有什么想要的礼物，我说**任何东西**都可以，不要太**昂贵**就好。

expensive

↓
anything

wrap
↑
今天我打开他送我的**包装**精美的礼物一看，是一本关于各种法律的书！

adult
↑
他说我现在**成年**了，买这本书送我是提醒我不要**违法**。
↓
break the law

strange
↑
这个**奇怪的**礼物**简直**让我不知道说什么好。
↓
simply

单词、词组跟我学

→ **birthday** ['bɜ:θdeɪ] *n.* 生日

→ **not long ago** 不久之前

→ **anything** ['enɪθɪŋ] *pron.* 任何东西

→ **adult** ['ædʌlt] *a.* 成年的 *n.* 成年人

→ **strange** [streɪndʒ] *a.* 陌生的，奇怪的

→ **receive** [rɪ'si:v] *v.* 收到

→ **expensive** [ɪk'spensɪv] *a.* 昂贵的

→ **wrap** [ræp] *v.* 包，用……包裹

→ **break the law** 违法

→ **simply** ['sɪmpli] *ad.* 简单地，只不过，仅仅

同步练习题

请在下面的空格中填写相应的英文单词或词组，写出其原形即可。

约翰现在还没有成年就已经上了大学。

[ ]

他不久前才度过17岁生日。

[ ]　　　　[ ]

生日那天，

妈妈花了一大笔钱送给他一个用精美包装盒包着的笔记本电脑。

[ ]　　　　　　　　[ ]

其实对于约翰来说，

妈妈送他任何东西都可以。

[ ]

他在陌生的新校园适应得还不错，

[ ]

只不过有时候会想家。

[ ]

有一次他甚至还收到了一条关于家乡的宣传信息，

[ ]

但是身为法学院的学生，

约翰一看就知道这是违法的诈骗短信。

[ ]

你答对了几道题呢?

答案

adult	not long ago	birthday	spend	wrap
anything	strange	simply	receive	break the law

60

18
怀孕的爸爸

Little Nancy recently noticed that her daddy's belly is really big. Is daddy pregnant? So one night, when she was sitting on the sofa with her dad and mom, she took her little hand and touched her dad's big belly and said, "Daddy, is it a little brother or little sister in your belly?" The move made her mom and dad laugh. Then her dad asked little Nancy whether she wanted a brother or a sister. Little Nancy said to his belly, "Hi, brother, please come out soon!"

漫画故事译文

notice
↑
小南茜最近**注意**到，爸爸的**肚子**真的很大。
↓
belly

pregnant
↑
难道爸爸**怀孕**了吗？

sit on　　　　　　　　touch
↑　　　　　　　　　　↑
于是一天晚上和爸爸妈妈**坐在**沙发上**时**，她就拿自己的小手**摸着**爸爸的大肚子说：
↓
when

or
↑
"爸爸，你肚子里面是小弟弟**还是**小妹妹啊？"

whether
↑
这一举动逗得爸爸妈妈哈哈大笑，爸爸就问小南茜想要弟弟**还是**妹妹。

come out
↑
小南茜就对着爸爸的肚子说："弟弟你好，你**快点出来**吧！"
↓
soon

单词、词组跟我学

→ **notice** ['nəʊtɪs] *v.* 注意到 *n.* 告示

→ **pregnant** ['pregnənt] *a.* 怀孕的

→ **touch** [tʌtʃ] *v.* & *n.* 触摸，碰

→ **or** [ɔ:(r)] *conj.* 或者，还是，否则

→ **come out** 出来，上市，出版

→ **belly** ['beli] *n.* 肚子，腹部

→ **sit on** 坐在……上面

→ **when** [wen] *ad.* 什么时候 *conj.* 在……时候

→ **soon** [su:n] *ad.* 不久，很快

→ **whether** ['weðə(r)] *conj.* 是否 *pron.* 是……还是……

62

请在下列空格中填写合适的单词或词组，注意使用适当的形式。

1. My mind went blank suddenly ⬚ I saw him.
   我看见他时突然脑子里一片空白。

2. Hank patted his ⬚ and yawned again.
   汉克拍拍自己的肚子，又打了个哈欠。

3. Mary sometimes would vomit recently. I wonder if she is ⬚.
   玛丽最近有时候会呕吐，不知道是不是怀孕了。

4. I ⬚ a happy expression on his face.
   我注意到他脸上露出了愉快的神情。

5. He didn't know ⬚ I'd agreed with Alex.
   他不知道我是否同意了亚历克斯的看法。

6. Please keep quiet during the exam, ⬚ you will be punished according to the rules.
   考试期间请保持安静，否则将按违纪处理。

7. We ⬚ the grass enjoying the rare leisure time comfortably.
   我们坐在草地上，惬意地享受着难得的闲暇时光。

8. As soon as the phone ⬚, it won the favor of customers.
   这款手机一上市便受到顾客的青睐。

9. ⬚, he told me the reason why we have to do so.
   很快，他就告诉了我为什么我们必须这样做。

10. Be careful, not to ⬚ that wire.
    小心，别碰到那根电线。

你答对了几道题呢？

答案

1. when	2. belly	3. pregnant	4. noticed	5. whether
6. or	7. sat on	8. came out	9. Soon	10. touch

19

疯狂的粉丝

Catherine is a big fan of Christopher. Every time Christopher releases a new album, Catherine will definitely buy it. Whenever she has a chance to go to his concert, she will definitely go, and pick him up at the airport. Christopher is Danish and she is British, so the actual opportunity for Catherine to go to his concert is not much. In order to have more opportunities to see him, Catherine went to work in Denmark later!

漫画故事译文

fan
↑
凯瑟琳是克里斯托弗忠实的**歌迷**。

album
↑
每次克里斯托弗出新**专辑**，凯瑟琳**绝对**会买。
↓
definitely

whenever   concert   pick sb. up
↑   ↑   ↑
无论什么时候有**机会**去他的**演唱会**现场，凯瑟琳一定会去，而且会去**机场接**机。
↓   ↓
chance   airport

actual
↑
因为克里斯托弗是丹麦人，而凯瑟琳是英国人，所以**实际**去他演唱会现场的**机会**也不多。
↓
opportunity

later
↑
为了能有更多机会见到他，**后来**凯瑟琳直接去了丹麦工作!
↓
in order to

单词、词组跟我学

→ **definitely** ['defɪnətli] **ad.** 一定地，绝对地

→ **album** ['ælbəm] **n.** 相册，专辑，唱片

→ **concert** ['kɒnsət] **n.** 演唱会，音乐会

→ **chance** [tʃɑːns] **n.** 机会，机遇

→ **actual** ['æktʃʊəl] **a.** 实际的，真实的

→ **later** ['leɪtə(r)] **a.** 后来的 **ad.** 后来

→ **fan** [fæn] **n.** 扇子，粉丝

→ **whenever** [wen'evə(r)] **ad.** 无论何时 **conj.** 每当

→ **pick sb. up** 接某人

→ **airport** ['eəpɔːt] **n.** 机场

→ **opportunity** [ˌɒpə'tjuːnəti] **n.** 机会

→ **in order to** 为了

fan	definitely	album	whenever
concert	pick sb. up	chance	airport
actual	opportunity	later	in order to

选词填空，注意填写适当的形式。

1. _____ I am lazy, I always think of her advice to me.
   每当我懒散的时候，都会想起她对我的忠告。

2. It rained heavily that day, so I drove to the company to _____ in advance.
   那天下大雨了，我就提前开车去公司接他了。

3. Once I had a very precious _____, but I didn't cherish it.
   曾经我有个非常宝贵的机会，可我却没珍惜。

4. The _____ condition is quite the reverse of what he said.
   实际情况和他说的完全相反。

5. She released a total of 30 _____ in her singing career.
   在她的歌唱生涯中，她一共发行了30 张专辑。

6. There is hardly any ceiling _____ in newly decorated houses now.
   现在新装修的房子里几乎没有安装吊扇的了。

7. _____ cultivate children's self-confidence, we should encourage and praise them more.
   为了培养孩子的自信心，我们应该多鼓励、夸奖他们。

8. His _____ choice was wiser than his earlier one.
   他后来的选择比之前的要明智。

9. Why are goods at _____ generally more expensive?
   为什么机场的商品普遍来说更贵？

10. He will _____ tell you where the key is.
    他绝对会告诉你钥匙在哪里。

你答对了几道题呢？

答案

1. Whenever   2. pick him up   3. opportunity / chance   4. actual   5. albums

6. fan   7. In order to   8. later   9. airports   10. definitely

20

发财了？

A few days ago, the six of them bought a lot of lottery tickets together and said that if they won the lottery, they would share the money equally. Later, they quarreled because of something and threw away all the lottery tickets. Anyway, the chance of winning the lottery was slim. On the night of drawing, when the five of them except Joey were arguing, Joey said, "Guys, we seem to have hit the jackpot. Guys!" The other five stopped and looked at the result again. They were beyond expression of excitement, "That's great! We're rich! Wait, have we thrown away all our lottery tickets?"

漫画故事译文

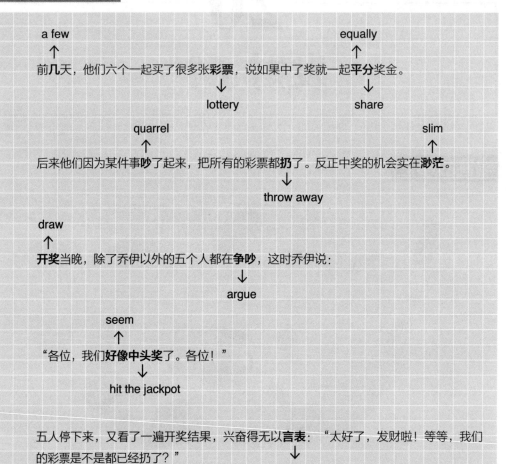

前**几**天，他们六个一起买了很多张**彩票**，说如果中了奖就一起**平分**奖金。
- a few → 几
- equally → 平分
- lottery → 彩票
- share → 平分

后来他们因为某件事**吵**了起来，把所有的彩票都**扔**了。反正中奖的机会实在**渺茫**。
- quarrel → 吵
- slim → 渺茫
- throw away → 扔

开奖当晚，除了乔伊以外的五个人都在**争吵**，这时乔伊说：
- draw → 开奖
- argue → 争吵

"各位，我们**好像中头奖**了。各位！"
- seem → 好像
- hit the jackpot → 中头奖

五人停下来，又看了一遍开奖结果，兴奋得无以**言表**："太好了，发财啦！等等，我们的彩票是不是都已经扔了？"
- expression → 言表

单词、词组跟我学

→ **a few** 一些，几个

→ **lottery** ['lɒtəri] *n.* 彩票，靠运气的事

→ **quarrel** ['kwɒrəl] *v. & n.* 争吵，吵架

→ **argue** ['ɑːgjuː] *v.* 争论，主张

→ **draw** [drɔː] *v.* 画，拉，抽（奖、签等），吸引，得出（结论）

→ **equally** ['iːkwəli] *ad.* 相等地，同样地

→ **share** [ʃeə(r)] *n.* 股票 *v.* 分享

→ **slim** [slɪm] *a.* 苗条的，细的，（机会等）微小的

→ **throw away** 扔掉

→ **seem** [siːm] *v.* 好像，看起来，似乎

→ **hit the jackpot** 中头奖

→ **expression** [ɪk'spreʃ(ə)n] *n.* 表达，表示，表情

请在下面的空格中填写相应的英文单词或词组，写出其原形即可。

我曾经看过一部电影，讲的是一家公司里，
有几个人经常买彩票，

_____ _____

有的甚至已经连续买了八年，
但谁也没中过头奖。

_____

有时候他们也会合买，
还会偶尔为了选哪个号而争论一番，

_____

然后一起分享中小奖或不中奖的喜悦与失落。

_____

他们的家人还为他们坚持买彩票的事与他们争吵过，

_____

说中大奖的机会渺茫，

_____

而且扔过他们的彩票，

_____

可他们好像并不在意。

_____

我们最后得出结论，

_____

突然暴富的机会几乎是零，

_____

因为中奖与不中奖的概率不可能平等。

_____

你答对了几道题呢？

答案

a few	lottery	hit the jackpot	argue	share	quarrel
slim	throw away	seem	draw	rich	equally

69

单词大作战

1. 收到	→		14. 画，拉，抽（奖、签等），吸引，得出（结论）	→
2. 昂贵的	→		15. 中头奖	→
3. 陌生的，奇怪的	→		16. not long ago	→
4. 注意到，告示	→		17. wrap	→
5. 怀孕的	→		18. break the law	→
6. 出来，上市，出版	→		19. simply	→
7. 接某人	→		20. touch	→
8. 实际的，真实的	→		21. soon	→
9. 机会	→		22. definitely	→
10. 相等地，同样地	→		23. in order to	→
11. 扔掉	→		24. share	→
12. 争论，主张	→		25. quarrel	→
13. 好像，看起来，似乎	→			

→

答案

1. receive / 2. expensive / 3. strange / 4. notice / 5. pregnant / 6. come out / 7. pick sb. up / 8. actual / 9. opportunity / chance / 10. equally / 11. throw away / 12. argue / 13. seem / 14. draw / 15. hit the jackpot / 16. 不久之前 / 17. 包，用……包裹 / 18. 违法 / 19. 简单地，只不过，仅仅 / 20. 触摸，碰，感动 / 21. 不久，很快 / 22. 一定地，绝对地 / 23. 为了 / 24. 股票，分享 / 25. 争吵，吵架

21
危险的行人

Some pedestrians don't obey the traffic rules, such as running a red light, which will not only put themselves in danger, but also the other people and cars on the road. Sometimes it is difficult for the elders to get away from the danger when crossing the road due to their slow movement; some children are so active that they may suddenly rush into the road; And some people even look at their phones while walking, not paying attention to the traffic. These are three different kinds of dangerous pedestrians.

漫画故事译文

pedestrian   traffic rules
↑   ↑

有的**行人**并不**遵守交通规则**，比如**闯红灯**，

↓   ↓
obey   run a red light

put ... in danger
↑

这样不仅会**使**自己的**处境变得危险**，也会使路上其他人和车的处境变得危险。

cross the road   get away from
↑   ↑

有时老人**过马路**因为行动缓慢，遇到危险时很**难**及时**躲开**；

↓
difficult

active
↑

有的孩子**好动**，也可能会突然**冲向**马路；

↓
rush into

还有人甚至在走路时也会看手机，根本不注意**交通**情况。这是三种不同的都比较危险的行人。

↓
traffic

单词、词组跟我学

→ **pedestrian** [pə'destrɪən] *n.* 行人

→ **obey** [ə'beɪ] *v.* 遵守，服从

→ **put ... in danger** 使……处于危险之中

→ **difficult** ['dɪfɪkəlt] *a.* 困难的

→ **active** ['æktɪv] *a.* 积极的，好动的，活跃的

→ **traffic** ['træfɪk] *n.* 交通

→ **traffic rules** 交通规则

→ **run a red light** 闯红灯

→ **cross the road** 过马路

→ **get away from** 避免，逃离

→ **rush into** 闯进，匆忙做

写出下列英文单词或词组的汉语意思，或与下列汉语相对应的英文单词或词组。

active → _____

obey → _____

闯进，匆忙做 → _____

traffic → _____

过马路 → _____

闯红灯 → _____

get away from → _____

交通规则 → _____

pedestrian → _____

困难的 → _____

使……处于危险之中 → _____

你答对了几道题呢？

答案

积极的，好动的，活跃的　　遵守，服从　　rush into　　交通　　cross the road

run a red light　　　　　避免，逃离　　traffic rules　　行人　　difficult　　put...in danger

22
贪心的鲍勃

One day, Bob went up the hill to cut wood and found an elf in a small bottle. The elf told Bob that he had been put in the bottle by a wizard, and if he was set free, he would grant Bob anything he wanted. After Bob set him free, he made a wish to the elf every day. First he wanted a big house, then he wanted to be rich, and finally he wanted to be a king! The elf did not expect Bob to be so greedy. He was so angry that he took back everything he had given Bob in the end.

漫画故事译文

go up
↑
有一天，鲍勃**上**山砍柴时发现一个小**瓶子**里关着一个小精灵。
↓
bottle

wizard
↑
小精灵告诉鲍勃自己是被**巫师关进**瓶子里的，
↓
put in

set free
如果把他**放出来**，他就会**给予**鲍勃任何想要的东西。
↓
grant

make a wish
↑
鲍勃把精灵放出来后，每天都向他**提出一个愿望**。

finally
↑
他先是想要大房子，然后又希望自己变成富翁，**最后**竟然想要当国王。

expect   angry
↑   ↑
精灵没想**到**鲍勃这么**贪心**，他很**生气**，最后把给予鲍勃的一切都**收了回去**。
↓   ↓
greedy   take back

单词、词组跟我学

→ **go up** 上升，上涨，被建造

→ **put in** 放入，投入（时间、精力等）

→ **set free** 释放，使自由

→ **make a wish** 许愿

→ **angry** ['æŋgri] *a.* 愤怒的，生气的

→ **greedy** ['gri:di] *a.* 贪心的，贪婪的

→ **bottle** ['bɒtl] *n.* 瓶子

→ **wizard** ['wɪzəd] *n.* 巫师，奇才

→ **grant** [grɑ:nt] *v.* 承认，授予 *n.* 补助金

→ **finally** ['faɪnəli] *ad.* 最后，最终

→ **expect** [ɪk'spekt] *v.* 期望，期待，预料

→ **take back** 收回，退还

finally	wizard	greedy	set free
make a wish	go up	angry	expect
bottle	put in	take back	grant

选出与下列图片相符的单词。

1.  2.   3.  4.

5.  6.  7.  8.

9.  10.  11.  12.

1. _____   2. _____   3. _____   4. _____

5. _____   6. _____   7. _____   8. _____

9. _____   10. _____   11. _____   12. _____

你答对了几道题呢?

答案

1. angry	2. greedy	3. wizard	4. make a wish	5. bottle	6. set free
7. take back	8. expect	9. finally	10. go up	11. put in	12. grant

23

被戏弄的大卫

There is a newcomer moving into the building, and he invited everyone to his house for a costume party tonight. David and his best friend Sam, of course, are included. David asked Sam if there are any special requirements for the party. And Sam told him that everyone has to dress up uniquely, such as a maid, the Flash and so on. Consequently, David dressed up as a dinosaur at night by wearing a big dinosaur costume! Everyone couldn't stop laughing as soon as they saw him, because they all dressed up normally. It turned out that David was tricked by Sam.

漫画故事译文

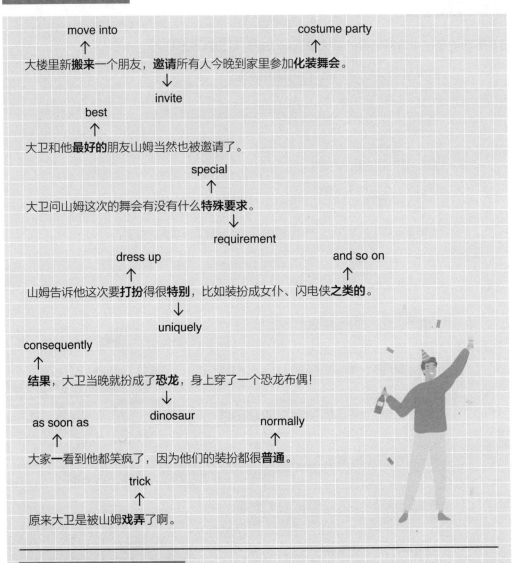

move into
↑
大楼里新**搬来**一个朋友，**邀请**所有人今晚到家里参加**化装舞会**。

costume party
↑

↓
invite

best
↑
大卫和他**最好的**朋友山姆当然也被邀请了。

special
↑
大卫问山姆这次的舞会有没有什么**特殊要求**。
↓
requirement

dress up
↑
山姆告诉他这次要**打扮**得很**特别**，比如装扮成女仆、闪电侠**之类的**。

and so on
↑

↓
uniquely

consequently
↑
结果，大卫当晚就扮成了**恐龙**，身上穿了一个恐龙布偶！
↓
dinosaur

as soon as
↑

normally
↑
大家**一看到**他都笑疯了，因为他们的装扮都很**普通**。

trick
↑
原来大卫是被山姆**戏弄**了啊。

单词、词组跟我学

→ **move into** 搬入

→ **invite** [ɪn'vaɪt] **v.** 邀请

→ **requirement** [rɪ'kwaɪəmənt] **n.** 要求

→ **dress up** 装扮，打扮

→ **uniquely** [jʊ'ni:kli] **ad.** 独特地

→ **dinosaur** ['daɪnəsɔ:(r)] **n.** 恐龙

→ **trick** [trɪk] **n.** 把戏 **v.** 戏弄，欺骗

→ **costume party** 化装舞会

→ **best** [best] **a.** 最好的

→ **special** ['speʃl] **a.** 特别的，特殊的

→ **and so on** 等等，诸如此类

→ **consequently** ['kɒnsɪkwəntli] **ad.** 结果，因此

→ **normally** ['nɔ:məli] **ad.** 正常地，普通地

请在下面的空格中填写相应的英文单词或词组，写出其原形即可。

在美国，每到万圣节就要举行化装舞会。

[   ]

孩子们会打扮成自己想要的样子，

[   ]

然后挨家挨户敲门要糖果，

并且说"不给糖果就捣乱"。

[   ]

新搬进大楼里的爱玛自己做的特别的糖果受到了很多人的喜爱，

[   ]   [   ]

很多人都说这是最好的糖果，

[   ]

但有的人竟然还向她提要求。

[   ]

结果，爱玛不久便失去了耐心。

[   ]

过了好几天，她听见敲门声才变得反应正常。

[   ]

有一次她打开门一看是只恐龙，吓了一跳，

[   ]

原来是迈克受到别人的邀请而扮成那样的，

[   ]

还说这样打扮才显得独一无二。

[   ]

你答对了几道题呢？

答案

costume party	dress up	trick	move into	special	best
requirement	consequently	normally	dinosaur	invite	uniquely

24

被放鸽子的女朋友

Carol started preparing for her ten o'clock date with Jesse early this morning. It was 9:30 when she finished dressing up, so she hurried to the coffee shop they had arranged, and arrived at 9:50. She ordered a cappuccino and sat there waiting. 10:00 came soon enough, but Jesse still didn't show up. What's going on? It turned out that Jesse was playing a game and had forgotten all about the date.

81

漫画故事译文

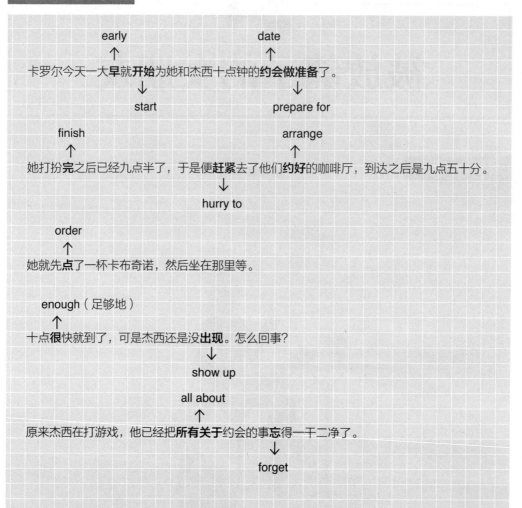

early
↑
卡罗尔今天一大**早**就**开始**为她和杰西十点钟的**约会做准备**了。
↓   ↓
start   prepare for

date
↑

finish   arrange
↑   ↑
她打扮**完**之后已经九点半了，于是便**赶紧**去了他们**约好**的咖啡厅，到达之后是九点五十分。
↓
hurry to

order
↑
她就先**点**了一杯卡布奇诺，然后坐在那里等。

enough（足够地）
↑
十点**很**快就到了，可是杰西还是没**出现**。怎么回事？
↓
show up

all about
↑
原来杰西在打游戏，他已经把**所有关于**约会的事**忘**得一干二净了。
↓
forget

单词、词组跟我学

→ **early** ['ɜːli] *ad.* 早 *a.* 早的，早期的

→ **start** [stɑːt] *v.* 开始

→ **finish** ['fɪnɪʃ] *v.* 完成，结束

→ **hurry to** 赶往

→ **enough** [ɪ'nʌf] *a.* 足够的 *ad.* 充足地

→ **order** ['ɔːdə(r)] *v.* 点（餐），订购
  n. 命令，顺序

→ **date** [deɪt] *n.* 日期，约会 *v.* 约会

→ **prepare for** 为……做准备

→ **arrange** [ə'reɪndʒ] *v.* 安排，布置，筹划

→ **show up** 出现，露面

→ **forget** [fə'get] *v.* 忘记

→ **all about** 关于……的一切

82

同步练习题

请在下列空格中填写合适的单词或词组，注意使用适当的形式。

1. We expected to [   ] the task in a week, but the boss only gave us five days.
   我们预计一周完成任务，但老板只给了我们五天时间。

2. He asked me to tell him [   ] it.
   他要我告诉他有关这件事的一切。

3. What time does tomorrow's show [   ] ?
   明天的演出什么时候开始？

4. I'm sure the film is interesting [   ] and you'll enjoy it.
   我保证这部电影足够有趣，你肯定会喜欢的。

5. We have [   ] board and lodging for guests who have come from afar.
   我们已经为远道而来的客人安排好了食宿。

6. He hid himself in the dark and was prepared to [   ] after a while.
   他躲在暗处，准备过一会儿再露面。

7. The names on the list are arranged in an alphabetical [   ] .
   名单上的名字是按字母顺序排列的。

8. I [   ] what type of product he ordered.
   我忘记他订了什么型号的产品了。

9. He told me that the resentment between them had [   ] from ten years ago.
   他告诉我他们之间的恩怨始于十年前。

10. All the players are well [   ] the game.
    所有队员都为这次比赛做好了充足准备。

你答对了几道题呢？

答案

1. finish	2. all about	3. start	4. enough	5. arranged
6. show up	7. order	8. forgot	9. dated	10. prepared for

单词大作战

英汉互译

1. obey	→	14. 闯进，匆忙做	→
2. put ... in danger	→	15. 关于……的一切	→
3. active	→	16. 释放，使自由	→
4. grant	→	17. 愤怒的，生气的	→
5. expect	→	18. 贪心的，贪婪的	→
6. costume party	→	19. 要求	→
7. special	→	20. 装扮，打扮	→
8. dinosaur	→	21. 结果，因此	→
9. arrange	→	22. 正常地，普通地	→
10. enough	→	23. 为……做准备	→
11. 交通规则	→	24. 完成，结束	→
12. 闯红灯	→	25. 出现，露面	→
13. 避免，逃离	→		

答案

1. 遵守，服从 / 2. 使……处于危险之中 / 3. 积极的，好动的，活跃的 / 4. 承认，准予，补助金 / 5. 期望，期待，预料 / 6. 化装舞会 / 7. 特别的，特殊的 / 8. 恐龙 / 9. 安排，布置，筹划 / 10. 足够的，充足地 / 11. traffic rules / 12. run a red light / 13. get away from / 14. rush into / 15. all about / 16. set free / 17. angry / 18. greedy / 19. requirement / 20. dress up / 21. consequently / 22. normally / 23. prepare for / 24. finish / 25. show up

25

杀人凶手是谁？

漫画故事汇

A patient was killed in his sickbed. Police found a dagger downstairs. The handle of the dagger was wrapped in cloth with no fingerprints, but there were many ants crawling on the hilt. After investigation, the police believed that three patients in hospital were the most suspected: the cardiac patient in ward 3, the tuberculosis patient in ward 4 and the diabetic patient in ward 5. The clever detective at once pointed out the murderer. Do you know who the murderer is?

漫画故事译文

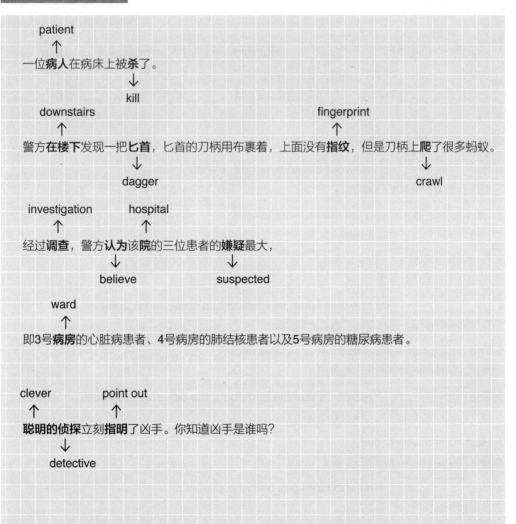

patient
↑
一位**病人**在病床上被**杀**了。
↓
kill

downstairs   fingerprint
↑   ↑
警方**在楼下**发现一把**匕首**，匕首的刀柄用布裹着，上面没有**指纹**，但是刀柄上**爬**了很多蚂蚁。
↓   ↓
dagger   crawl

investigation   hospital
↑   ↑
经过**调查**，警方**认为**该**院**的三位患者的**嫌疑**最大，
↓   ↓
believe   suspected

ward
↑
即3号**病房**的心脏病患者、4号病房的肺结核患者以及5号病房的糖尿病患者。

clever   point out
↑   ↑
聪明的侦探立刻**指明**了凶手。你知道凶手是谁吗？
↓
detective

单词、词组跟我学

→ **patient** ['peɪʃnt] *n.* 病人 *a.* 有耐心的

→ **detective** [dɪ'tektɪv] *n.* 侦探 *a.* 侦探的

→ **dagger** ['dægə(r)] *n.* 匕首

→ **investigation** [ɪnˌvestɪ'geɪʃn] *n.* 调查

→ **believe** [bɪ'li:v] *v.* 相信，认为

→ **ward** [wɔ:d] *n.* 病房

→ **point out** 指出，指明

→ **kill** [kɪl] *v.* 杀死

→ **fingerprint** ['fɪŋgəprɪnt] *n.* 指纹

→ **crawl** [krɔ:l] *v.* 爬行

→ **hospital** ['hɒspɪtl] *n.* 医院

→ **suspect** [sə'spekt] *n.* 嫌疑犯 *v.* 怀疑 *a.* 可疑的

→ **clever** ['klevə(r)] *a.* 聪明的，巧妙的

→ **downstairs** [ˌdaʊn'steəz] *a.* 楼下的 *ad.* 在楼下

patient	kill	detective	fingerprint	dagger
crawl	investigation	hospital	believe	suspect
ward	clever	point out	downstairs	

选词填空，注意填写适当的形式。

1. Be _____ with your children as possible as you can.
   对待孩子要尽可能地有耐心。

2. Excuse me, could you tell me the way to the _____ ?
   打扰一下，你能告诉我去医院怎么走吗？

3. Snakes and caterpillars both _____ on their bellies.
   蛇和毛毛虫都用肚子爬行。

4. I _____ that he was lying, so I asked him some more questions.
   我怀疑他在撒谎，所以又问了他几个问题。

5. The director explained that the case was under _____ .
   负责人解释说这起案件正在调查中。

6. The _____ residents complained about the noise coming from upstairs.
   楼下的住户对楼上传出的噪声表示很不满。

7. Holmes is a well-known _____ .
   福尔摩斯是一位家喻户晓的侦探。

8. He _____ the shortcomings of this approach.
   他指出了这种方法的不足之处。

9. Everyone has different _____ , which brings great help to the case investigation.
   每个人的指纹都是不一样的，这给案件侦查带来了极大的帮助。

10. I _____ that he didn't mean it.
    我相信他不是故意的。

你答对了几道题呢？

答案

1. patient	2. hospital	3. crawl	4. suspected	5. investigation
6. downstairs	7. detective	8. pointed out	9. fingerprints	10. believe / believed

26

互相指责的夫妻

Jane and Mike have been married for ten years, but they often bicker. One day, they came home from work and found the house stolen. Jane blamed Mike, "Didn't you lock the door when you left in the morning? Didn't I tell you to lock the door?" Mike said, "I told you we had better change it to a smart lock. What's more, we went out together this morning. Why didn't you check if the door was locked?"

漫画故事译文

marry
↑
简和迈克已经**结婚**十年了，但是他们经常**拌嘴**。
↓
bicker

steal
↑
一天，两人下班回家后发现家里**失窃**了。

blame　　　　　　　　　　lock
↑　　　　　　　　　　　↑
简**指责**迈克说："你早上**离开**后没**锁**门吗？我不是交代过你要锁门吗？"
↓
leave

had better
↑
迈克说："我早跟你说过我们**最好**换成**智能**门锁。
↓
smart

what's more
↑
更何况早上我们是一起**出去**的，你怎么不检查一下门锁好了没？"
↓
go out

单词、词组跟我学

→ **marry** ['mæri] **v.** 结婚，嫁，娶

→ **steal** [sti:l] **v.** 偷

→ **lock** [lɒk] **n.** 锁 **v.** 锁上

→ **had better (do...)** 最好（做某事）

→ **go out** 出去，熄灭

→ **bicker** ['bɪkə(r)] **v. & n.** 争吵

→ **blame** [bleɪm] **v.** 指责，责备，把……归咎于

→ **what's more** 而且，另外，更重要的是

→ **smart** [smɑːt] **a.** 聪明的，智能的

→ **leave** [li:v] **v.**（某人）离开，留下（某物、信息等）

写出下列英文单词或词组的汉语意思，或与下列汉语相对应的英文单词或词组。

had better → ☐

锁，锁上 → ☐

marry → ☐

聪明的，智能的 → ☐

bicker → ☐

出去，熄灭 → ☐

steal → ☐

（某人）离开，留下（某物、信息等）→ ☐

blame → ☐

而且，另外，更重要的是 → ☐

你答对了几道题呢？

答案

最好（做某事）	lock	结婚，嫁，娶	smart	争吵	go out
偷	leave	指责，责备，把……归咎于	what's more		

27
食物大对决

Spaghetti

Pizza

Mary and Nancy had a cooking contest at home today. They also invited four friends to judge which of them made the best food. Mary made pasta with bacon and cream, while Nancy made pizza with beef and black pepper, and they both served with corn soup. As a result, their four friends tied them. It seems that Mary and Nancy are both winners of the food contest.

漫画故事译文

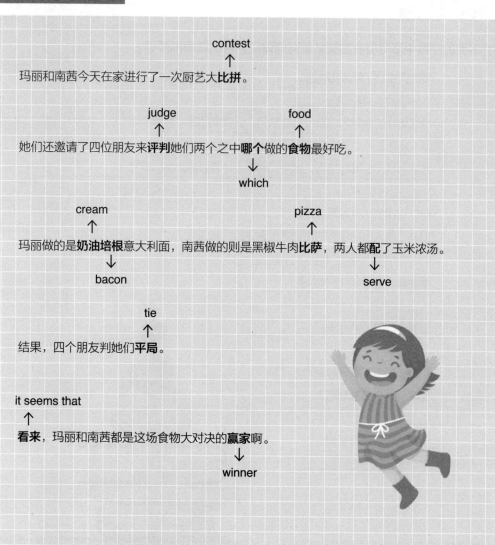

contest
↑
玛丽和南茜今天在家进行了一次厨艺大**比拼**。

judge　　　　　　　food
↑　　　　　　　　　↑
她们还邀请了四位朋友来**评判**她们两个之中**哪个**做的**食物**最好吃。
↓
which

cream　　　　　　　　pizza
↑　　　　　　　　　　↑
玛丽做的是**奶油培根**意大利面，南茜做的则是黑椒牛肉**比萨**，两人都**配**了玉米浓汤。
↓　　　　　　　　　　↓
bacon　　　　　　　serve

tie
↑
结果，四个朋友判她们**平局**。

it seems that
↑
看来，玛丽和南茜都是这场食物大对决的**赢家**啊。
↓
winner

单词、词组跟我学

→ **contest** ['kɒntest] *n.* 比赛 *v.* 竞争

→ **food** [fu:d] *n.* 食物，食品

→ **cream** [kri:m] *n.* 奶油，乳霜

→ **bacon** ['beɪkən] *n.* 培根，熏猪肉

→ **tie** [taɪ] *n.* 领带 *v.* 系，使平局

→ **serve** [sɜ:v] *v.* 为……服务，服役，任职，供应

→ **judge** [dʒʌdʒ] *n.* 裁判 *v.* 判断

→ **which** [wɪtʃ] *conj. & adj.* 哪一个

→ **pizza** ['pi:tsə] *n.* 比萨

→ **winner** ['wɪnə(r)] *n.* 获胜者

→ **it seems that** 似乎，看起来

同步练习题

请在下面的空格中填写相应的英文单词或词组，写出其原形即可。

我昨天参加了吃热狗比赛，

[   ]

谁在最快的时间内吃完所有的热狗，谁就是胜者。

[   ]

我原本就十分喜欢热狗、比萨、培根，还有奶油之类的食物，

[   ] [   ] [   ] [   ]

所以这次的比赛我是志在必得。

但是工作人员把所有的热狗端上来之后我就惊呆了，

[   ]

看起来简直有100个那么多。

[   ]

随着裁判的一声令下，

[   ]

所有参赛者都狼吞虎咽地吃了起来，

到底哪一个会胜利呢？

[   ]

最后结果居然是平局。

[   ]

你答对了几道题呢？

答案

contest	winner	pizza	bacon	cream	food
serve	it seems that	judge	which	tie	

94

28
伤人的狗狗

Nowadays, keeping a pet dog has become more and more people's choice, but these lovely dogs may turn into hurting dogs in some cases. For example, when the owner is threatened, the dog will rush out to protect their owner immediately. In addition, a normally docile dog can become fierce when it has its own cub. Moreover, if their territory is violated, the docile and lovely dog is also likely to become a hurtful dog.

choice
↑
现在养宠物狗已经成为越来越多人的**选择**了，

case   hurt
↑   ↑
但是这些可爱的狗狗在某些**情况**下可能会**变成伤人**的狗狗。
↓
turn into

for example   threaten   protect
↑   ↑   ↑
比如，在**主人**受到**威胁**时，狗狗会**立刻**冲出来**保护**它们的主人。
↓   ↓
owner   immediately

cub
↑
另外，当有了自己的**幼崽**，平时**温顺的**狗狗也可能变得凶猛。
↓
docile

territory   be likely to
↑   ↑
还有，如果自己的**地盘**被**侵犯**，温顺可爱的狗狗也**很有可能**会变成伤人的狗狗。
↓
violate

单词、词组跟我学

→ **choice** [tʃɔɪs] *n.* 选择

→ **for example** 比如

→ **turn into** 变成

→ **threaten** ['θretn] *v.* 威胁，恐吓

→ **owner** ['əʊnə(r)] *n.* 所有者

→ **cub** [kʌb] *n.* 幼崽

→ **be likely to** 很有可能

→ **violate** ['vaɪəleɪt] *v.* 违反，侵犯

→ **hurt** [hɜ:t] *n.* 伤害 *v.* 使伤心 *a.* 受到伤害的

→ **case** [keɪs] *n.* 事例，案件，箱子

→ **protect** [prə'tekt] *v.* 保护

→ **immediately** [ɪ'mi:dɪətli] *ad.* 立即 *conj.* 一……就

→ **docile** ['dəʊsaɪl] *a.* 温顺的

→ **territory** ['terətri] *n.* 领土，领域，地盘

同步练习题

根据所给的汉语意思和单词或词组，写出相应的英文句子。

1. 我以前没能保护好视力，现在后悔也来不及了。（protect）

_____

2. 他威胁我让我把所有的零食都拿出来。（threaten）

_____

3. 毛毛虫可以变成蝴蝶。（turn into）

_____

4. 跟他相比，我很有可能不会通过面试。（be likely to）

_____

5. 他因严重侵犯他人权益而入狱。（violate）

_____

6. 这个国家的领土面积大约是962万平方千米。（territory）

_____

7. 我一听完他的话就转身离开了。（immediately）

_____

8. 他们没有多少选择，最后只能听我的指挥。（choice）

_____

9. 他的决定深深地伤害了我，但我没有埋怨他。（hurt）

_____

10. 在这种情况下，他们获胜的概率会更高。（case）

_____

你答对了几道题呢？

答案

1. I didn't protect my eyesight before, and now it's too late to regret it.
2. He threatened me to take out all the snacks.
3. Caterpillars can turn into butterflies.
4. Compared with him, it's not likely for me to pass the interview.
5. He was sent to prison for heavily violating other people's rights and interests.
6. The territory of the country is about 9.62 million square kilometers.
7. I immediately turned around and left after hearing what he said.
8. They didn't have many choices, so they had to take my orders in the end.
9. His decision hurt me deeply, but I didn't blame him.
10. In this case, they would have a better chance of winning.

单词大作战

1. patient	→	15. 偷	→
2. marry	→	16. 而且，另外，更重要的是	
3. bicker	→		→
4. blame	→	17. 最好（做某事）	→
5. smart	→	18. 竞争，比赛	→
6. judge	→	19. 领带，系，平局，使平局	
7. serve	→		→
8. turn into	→	20. 违反，侵犯	→
9. immediately	→	21. 伤害，使伤心，受到伤害的	
10. be likely to	→		→
11. 爬行	→	22. 威胁，恐吓	→
12. 调查	→	23. 保护	→
13. 嫌疑犯，怀疑，可疑的		24. 温顺的	→
	→	25. 领土，领域，地盘	→
14. 指出，指明	→		

答案

1. 病人，有耐心的 / 2. 结婚，嫁，娶 / 3. 争吵 / 4. 指责，责备，把……归咎于 / 5. 聪明的，智能的 / 6. 裁判，法官，判断 / 7. 为……服务，服役，任职，供应 / 8. 变成 / 9. 立即，一……就 / 10. 很有可能 / 11. crawl / 12. investigation / 13. suspect / 14. point out / 15. steal / 16. what's more / 17. had better (do sth.) / 18. contest / 19. tie / 20. violate / 21. hurt / 22. threaten / 23. protect / 24. docile / 25. territory

29
不道德的女士

This morning I went to the train station to buy a ticket. There were a lot of people there, and the line was long enough. Then a lady came and directly jumped the queue to stand in front of me. I was, of course, very dissatisfied, but I suppressed my anger and said to her, "Would you please queue up?" But she didn't turn round as if she hadn't heard it. A young girl standing behind me also said to her, "The lady in front, can you queue in order?" She ignored it too. What an immoral lady!

漫画故事译文

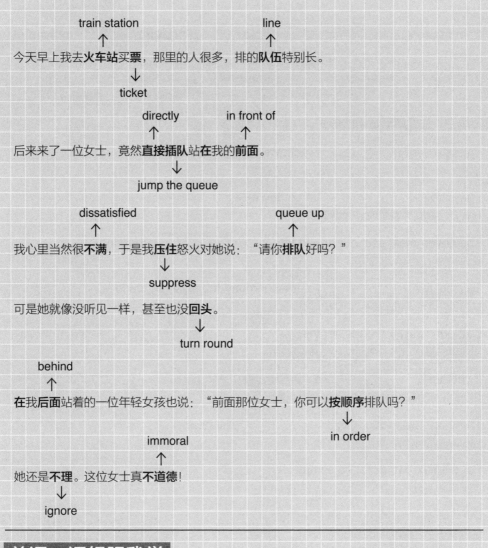

今天早上我去**火车站**买**票**，那里的人很多，排的**队伍**特别长。
- train station
- ticket
- line

后来来了一位女士，竟然**直接插队**站**在我的前面**。
- directly
- in front of
- jump the queue

我心里当然很**不满**，于是我**压住**怒火对她说："请你**排队**好吗？"
- dissatisfied
- queue up
- suppress

可是她就像没听见一样，甚至也没**回头**。
- turn round

在我**后面**站着的一位年轻女孩也说："前面那位女士，你可以**按顺序**排队吗？"
- behind
- in order

她还是**不理**。这位女士真**不道德**！
- immoral
- ignore

单词、词组跟我学

→ **train station** 火车站

→ **ticket** ['tɪkɪt] *n.* 票

→ **in front of** 在……前面

→ **jump the queue** 插队

→ **queue up** 排队

→ **turn round** 转身，回头

→ **immoral** [ɪ'mɒrəl] *a.* 不道德的

→ **line** [laɪn] *n.* 线，路线

→ **ignore** [ɪg'nɔ:(r)] *v.* 忽视，不理睬

→ **directly** [də'rektli] *ad.* 直接地，立即

→ **dissatisfied** [dɪs'sætɪsfaɪd] *a.* 不满意的

→ **suppress** [sə'pres] *v.* 镇压，抑制

→ **in order** 整齐，按顺序

→ **behind** [bɪ'haɪnd] *ad.* 在后面 *prep.* 在……后面

train station	line	ticket	ignore	in front of
directly	jump the queue	dissatisfy	queue up	suppress
turn round	in order	immoral	behind	

选词填空，注意填写适当的形式。

1. This is a very _____ act, which we must avoid.
   这是一种十分不道德的行为，我们一定要避免。

2. They are all _____ to get the relief.
   他们都在排队等着领取救济物品。

3. The government sent out armed forces to _____ the mob.
   该政府派出武装部队镇压暴民。

4. The last two _____ of the poem are the finishing touches.
   这首诗的最后两行可谓是点睛之笔。

5. Catherine always keeps her things _____.
   凯瑟琳总是把自己的东西摆放得井然有序。

6. If you are _____ with our arrangement, please feel free to let us know.
   如果对我们的安排有不满，欢迎随时告知。

7. There are two jujube trees _____ our house.
   我们家前面种了两棵枣树。

8. For the next two days, he completely _____ me.
   接下来的两天，他完全忽视了我的存在。

9. Don't beat around the bush, tell me _____.
   别绕弯子了，直接告诉我吧。

10. I _____ to hide my tears from him.
    我转过身去，不让他看见我的泪水。

你答对了几道题呢？

答案

1. immoral	2. queuing up	3. suppress	4. lines	5. in order
6. dissatisfied	7. in front of	8. ignored	9. directly	10. turned round

30
音乐的魅力

Music is fascinating to me. Whenever I hear the happy music, I will be in a clearer mood; whenever I hear the sad music, I will fall into endless sadness with the singer. I still remember some songs in some TV series or movies which I watched in my childhood, while I have forgotten all the plots in them. That's one of the charms of music: good music will always be remembered.

漫画故事译文

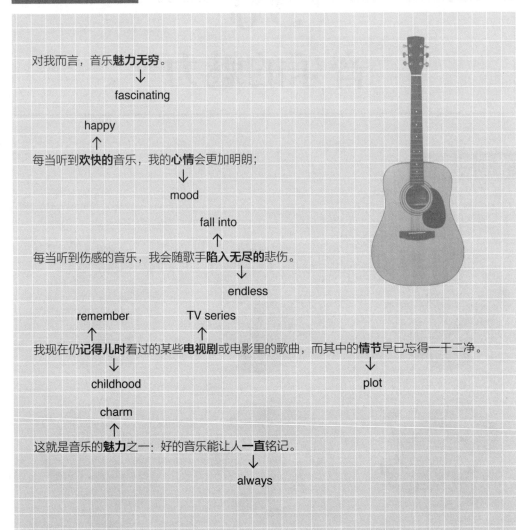

对我而言，音乐**魅力无穷**。
↓
fascinating

happy
↑
每当听到**欢快的**音乐，我的**心情**会更加明朗；
↓
mood

fall into
↑
每当听到伤感的音乐，我会随歌手**陷入无尽的**悲伤。
↓
endless

remember   TV series
↑   ↑
我现在仍**记得儿时**看过的某些**电视剧**或电影里的歌曲，而其中的**情节**早已忘得一干二净。
↓   ↓
childhood   plot

charm
↑
这就是音乐的**魅力**之一：好的音乐能让人**一直**铭记。
↓
always

单词、词组跟我学

→ **happy** ['hæpi] *a.* 快乐的，幸福的

→ **mood** [mu:d] *n.* 心情，情绪

→ **childhood** ['tʃaɪldhʊd] *n.* 童年

→ **TV series** 电视连续剧

→ **charm** [tʃɑ:m] *n.* 魅力，符咒

→ **always** ['ɔ:lweɪz] *ad.* 总是，永远，老是

→ **fascinating** ['fæsɪneɪtɪŋ] *a.* 迷人的，有魅力的

→ **fall into** 陷入，分成

→ **remember** [rɪ'membə(r)] *v.* 牢记，记得，回想起

→ **endless** ['endləs] *a.* 无尽的，无休止的

→ **plot** [plɒt] *n.* 情节 *v.* 密谋

请在下列空格中填写合适的单词或词组，注意使用适当的形式。

1. This kind of thinking will only bring you _____ troubles.
   这种想法只会给你带来无穷无尽的烦恼。

2. I spent my _____ in Perth and came here when I was 18 years old.
   我的童年是在珀斯度过的，18 岁的时候来到了这里。

3. The sports equipment can _____ five categories.
   运动器材可分成五类。

4. I _____ we had made a bet ten years ago.
   我记得我们十年前打了一个赌。

5. I think the most _____ part of this scenic spot is the snow mountains.
   我觉得雪山是这个景点最迷人的地方。

6. Having gone through hardships in their early years, they are now living a _____ life.
   他们早年间历经磨难，现在过上了幸福的生活。

7. I'm not in the _____ to joke with you; please be serious.
   我现在没心情跟你开玩笑，请你严肃一点。

8. Dean _____ forgets to turn off the light when he leaves the room.
   迪恩离开房间后总是忘记关灯。

9. A group led by him _____ against the government.
   以他为首的一伙人密谋造反。

10. Although she is not very beautiful, she has an indescribable _____.
    虽然她没有那么漂亮，但有一种说不出的魅力。

你答对了几道题呢?

答案

1. endless	2. childhood	3. fall into	4. remembered	5. fascinating
6. happy	7. mood	8. always	9. plotted	10. charm

31
搬家公司

漫画故事汇

As the name implies, **moving company is a company to** provide **moving** service, **which would provide special cars and people for customers to** move. **A good moving company needs** formal management **and** strict **service** process. **And,** performance **and** reputation **is also a** standard **to** measure **it. In addition, service is an** important **factor. During the** whole **process of moving, the customers had better be able to** monitor, **so as to** ensure **their service quality.**

漫画故事译文

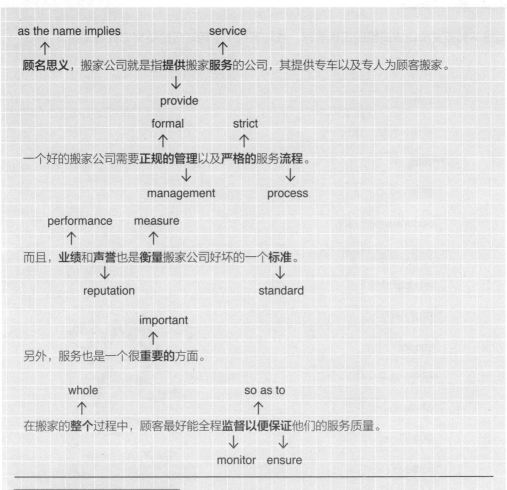

as the name implies   service
↑   ↑

顾名思义，搬家公司就是指**提供**搬家**服务**的公司，其提供专车以及专人为顾客搬家。
↓
provide

formal   strict
↑   ↑

一个好的搬家公司需要**正规的管理**以及**严格的**服务**流程**。
↓   ↓
management   process

performance   measure
↑   ↑

而且，**业绩**和**声誉**也是**衡量**搬家公司好坏的一个**标准**。
↓   ↓
reputation   standard

important
↑

另外，服务也是一个很**重要的**方面。

whole   so as to
↑   ↑

在搬家的**整个**过程中，顾客最好能全程**监督以便保证**他们的服务质量。
↓   ↓
monitor ensure

单词、词组跟我学

→ **as the name implies** 顾名思义

→ **formal** ['fɔ:ml] *a.* 正式的，正规的

→ **management** ['mænɪdʒmənt] *n.* 管理

→ **provide** [prə'vaɪd] *v.* 提供

→ **reputation** [ˌrepjʊ'teɪʃn] *n.* 名声

→ **standard** ['stændəd] *n.* 标准，水平

→ **whole** [həʊl] *a.* 整个的，全部的

→ **monitor** ['mɒnɪtə(r)] *n.* 班长，监控器 *v.* 监控

→ **process** ['prəʊses] *n.* 过程，进程 *v.* 加工，处理

→ **service** ['sɜːvɪs] *n. & v.* 服务

→ **move** [muːv] *v.* 移动，行动，搬迁

→ **strict** [strɪkt] *a.* 严格的，严厉的

→ **measure** ['meʒə(r)] *n.* 测量，措施 *v.* 测量，估量

→ **performance** [pə'fɔ:məns] *n.* 表演，业绩，性能

→ **ensure** [ɪn'ʃʊə(r)] *v.* 保证，确保

→ **important** [ɪm'pɔ:tnt] *a.* 重要的

→ **so as to** 以便

写出下列英文单词或词组的汉语意思，或与下列汉语相对应的英文单词或词组。

顾名思义 → [　　　　　]

formal → [　　　　　]

移动，行动，搬迁 → [　　　　　]

strict → [　　　　　]

管理 → [　　　　　]

performance → [　　　　　]

衡量，测量，估量，措施 → [　　　　　]

reputation → [　　　　　]

提供 → [　　　　　]

ensure → [　　　　　]

标准，水平 → [　　　　　]

whole → [　　　　　]

重要的 → [　　　　　]

so as to → [　　　　　]

班长，监控，监控器 → [　　　　　]

process → [　　　　　]

你答对了几道题呢？

答案

as the name implies	正式的，正规的	move	严格的，严厉的	management
表演，业绩，性能	measure	名声	provide	保证，确保
standard	整个的，全部的	important	以便	monitor
过程，进程，加工，处理				

32
消失的雪人

It snowed heavily all night yesterday. So Hank and his father made a snowman together this afternoon. They made snowman's nose with a carrot, his eyes with two black stones, and his arms with two branches. Then they put a hat and red scarf on the snowman. How beautiful it is! However, two days later, Hank noticed that the snowman had disappeared. He wondered where he can be. After all, no one would steal it. Do you know where the snowman is?

漫画故事译文

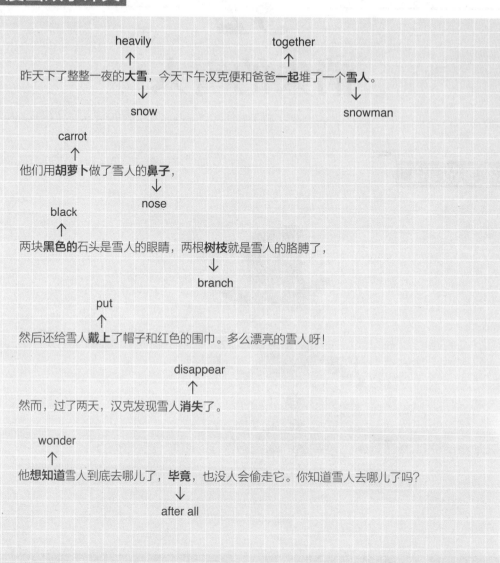

昨天下了整整一夜的**大雪**，今天下午汉克便和爸爸**一起**堆了一个**雪人**。

heavily ↑
↓ snow

together ↑
↓ snowman

他们用**胡萝卜**做了雪人的**鼻子**，

carrot ↑
nose ↓

两块**黑色的**石头是雪人的眼睛，两根**树枝**就是雪人的胳膊了，

black ↑

branch ↓

然后还给雪人**戴上**了帽子和红色的围巾。多么漂亮的雪人呀！

put ↑

然而，过了两天，汉克发现雪人**消失**了。

disappear ↑

他**想知道**雪人到底去哪儿了，**毕竟**，也没人会偷走它。你知道雪人去哪儿了吗？

wonder ↑

after all ↓

单词、词组跟我学

→ **heavily** ['hevɪli] *ad.* 沉重地，大量地
→ **snow** [snəʊ] *n.* 雪 *v.* 下雪
→ **carrot** ['kærət] *n.* 胡萝卜
→ **branch** [brɑːntʃ] *n.* 树枝，分枝
→ **nose** [nəʊz] *n.* 鼻子
→ **disappear** [ˌdɪsə'pɪə(r)] *v.* 消失

→ **together** [tə'geðə(r)] *ad.* 一起，同时 *a.* 一致的
→ **snowman** ['snəʊmæn] *n.* 雪人
→ **black** [blæk] *n.* 黑色 *a.* 黑色的
→ **wonder** ['wʌndə(r)] *v.* 想知道 *a.* 神奇的 *n.* 奇迹
→ **put** [pʊt] *v.* 放
→ **after all** 毕竟

同步练习题

wonder	snow	nose	disappear
carrot	branch	black	together
heavily	put	snowman	

选出与下列图片相符的单词。

1. 　　2. 　　3. 　　4.

5. 　　6. 　　7. 　　8.

9. 　　10. 　　11.

1. _____　　2. _____　　3. _____　　4. _____

5. _____　　6. _____　　7. _____　　8. _____

9. _____　　10. _____　　11. _____

你答对了几道题呢？

答案

1. carrot	2. nose	3. together	4. branch	5. snow	6. wonder
7. black	8. heavily	9. snowman	10. put	11. disappear	

单词大作战

1. dissatisfied	→	15. 整齐，按顺序	→
2. turn round	→	16. 不道德的	→
3. fascinating	→	17. 牢记，记得，回想起	
4. mood	→		→
5. fall into	→	18. 顾名思义	→
6. charm	→	19. 严格的，严厉的	→
7. formal	→	20. 衡量，测量，估量，措施	
8. reputation	→		→
9. monitor	→	21. 表演，业绩，性能	→
10. process	→	22. 保证，确保	→
11. 忽视，不理睬	→	23. 标准，水平	→
12. 插队	→	24. 消失	→
13. 排队	→	25. 毕竟	→
14. 镇压，抑制	→		

答案

1. 不满意的 / 2. 转身，回头 / 3. 迷人的，有魅力的 / 4. 心情，情绪 / 5. 陷入，分成 / 6. 魅力，符咒 / 7. 正式的，正规的 / 8. 名声 / 9. 班长，监控，监控器 / 10. 过程，进程，加工，处理 / 11. ignore / 12. jump the queue / 13. queue up / 14. suppress / 15. in order / 16. immoral / 17. remember / 18. as the name implies / 19. strict / 20. measure / 21. performance / 22. ensure / 23. standard / 24. disappear / 25. after all

33
倒霉的杰克

Jack is out of luck today. He got up in the morning and was bitten by his dog. When going out, he forgot to take his umbrella so he got soaked. And he walked to the breakfast shop to have a meal, only to find his wallet was missing. So he had to go to work wet and hungry. Unfortunately, he was late. The boss docked his pay after giving him a lecture. After a day's work, he came home and found his house had been stolen. Jack had a really bad day.

漫画故事译文

out of luck
↑
杰克今天真是够**倒霉**的。

bite
↑
早上起床后被自己的狗狗**咬**了一口。

umbrella　　　　　　　　　　breakfast　　　　　　　　　missing
↑　　　　　　　　　　　　　↑　　　　　　　　　　　　↑
出门忘记带**伞**，结果被**淋成落汤鸡**。好不容易走到**早餐**店想吃饭，**结果却**发现钱包**不见**了。
↓　　　　　　　　　　　　　↓
get soaked　　　　　　　　only to

hungry
↑
于是他只好湿漉漉地**饿着肚子**去上班，**不幸的是**，他迟到了。
↓
unfortunately

give sb. a lecture　dock
↑　　　　　　　↑
老板**训**了他**一顿**之后还**扣**了**工资**。他上了一天班回家，却发现家里被盗了。杰克的这一天
↓
实在是倒霉。
pay

单词、词组跟我学

→ **out of** 缺乏，由于

→ **bite** [baɪt] **v. & n.** 叮，咬

→ **missing** ['mɪsɪŋ] **a.** 找不到的，遗漏
的，失踪的

→ **only to** 没想到会，不料却

→ **unfortunately** [ʌn'fɔ:tʃənətli] **ad.** 不幸地

→ **pay** [peɪ] **v.** 支付 **n.** 薪水

→ **dock** [dɒk] **n.** 码头 **v.** 扣（钱、分等）

→ **luck** [lʌk] **n.** 运气

→ **umbrella** [ʌm'brelə] **n.** 雨伞

→ **get soaked** 淋湿的

→ **hungry** ['hʌŋgrɪ] **a.** 饥饿的，渴望的

→ **give sb. a lecture** 给某人上课，教训某人

→ **breakfast** ['brekfəst] **n.** 早餐

115

请在下面的空格中填写相应的英文单词或词组，写出其原形即可。

我今天没吃早饭，所以现在感觉很饿。不幸的是，我还要去码头工作。因为天气预报

说今天有雨，所以我想着要带上雨伞，没想到我的雨伞不见了。下午的时候下雨了，我全身

都被淋湿了。回家后，看见我的狗狗把卫生纸拖得到处都是，我忍不住教训了它一顿。由于

被淋湿了，我就洗了个热水澡，然后随便吃了几口饭就躺床上了。今天运气真不好，

我中午竟然还忘记付饭钱了，明天要记得还回去。

你答对了几道题呢？

答案

breakfast	hungry	unfortunately	dock	umbrella	only to	missing
get soaked	give it a lecture	out of	bite	luck	pay	

116

34
拍卖会

Kate went to an auction tonight for some famous paintings. She easily qualified because she had attended several auctions before. Then she looked carefully at the auction items and found one of them very much to her taste. Kate was concerned and worried about it being auctioned off when the presenter started announcing the sale, but she eventually won the auction with the highest bid of all.

漫画故事译文

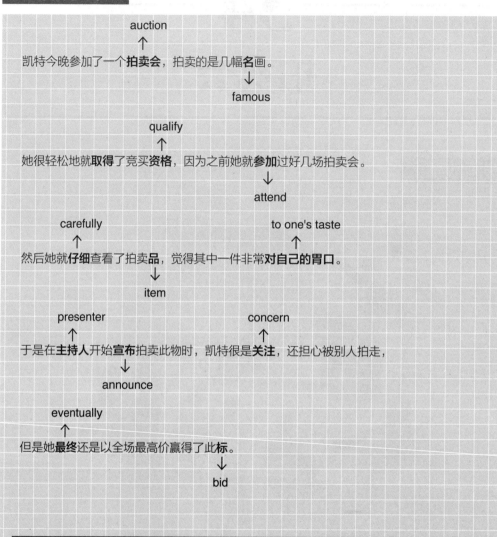

auction
凯特今晚参加了一个**拍卖会**，拍卖的是几幅**名画**。
↓
famous

qualify
↑
她很轻松地就**取得**了竞买**资格**，因为之前她就**参加**过好几场拍卖会。
↓
attend

carefully　　　　　　　　　　　　to one's taste
↑　　　　　　　　　　　　　　　　　↑
然后她就**仔细**查看了拍卖**品**，觉得其中一件非常**对自己的胃口**。
↓
item

presenter　　　　　　　　　　　concern
↑　　　　　　　　　　　　　　　↑
于是在**主持人**开始**宣布**拍卖此物时，凯特很是**关注**，还担心被别人拍走，
↓
announce

eventually
↑
但是她**最终**还是以全场最高价赢得了此**标**。
↓
bid

单词、词组跟我学

→ **auction** ['ɔːkʃn] *n. & v.* 拍卖

→ **qualify** ['kwɒlɪfaɪ] *v.* 使有资格，取得资格

→ **carefully** ['keəfəli] *ad.* 小心地，仔细地

→ **item** ['aɪtəm] *n.* 项目，条款，一项

→ **bid** [bɪd] *n. & v.* 出价，投标

→ **eventually** [ɪ'ventʃuəli] *ad.* 最终

→ **famous** ['feɪməs] *a.* 著名的

→ **attend** [ə'tend] *v.* 出席，参加，照料，处理

→ **to one's taste** 合某人的胃口

→ **presenter** [prɪ'zentə(r)] *n.* 主持人，参与者，演示者

→ **announce** [ə'naʊns] *v.* 宣布

→ **concern** [kən'sɜːn] *v.* 关心，担心 *n.* 忧虑

118

同步练习题

请在下列空格中填写合适的单词或词组，注意使用适当的形式。

1. Jesse is a _____ physicist. He has been working in this field for more than twenty years.

   杰西是一位著名的物理学家，他已从事这一行业二十余年。

2. They didn't give a reasonable explanation to this _____ .

   他们并未对此项目做出合理解释。

3. The manager _____ that the early meeting would be canceled from next week.

   经理宣布从下周开始取消早会。

4. The birthday gift he gave me was _____ .

   他送我的生日礼物很合我的胃口。

5. I'm under eighteen and not _____ to vote yet.

   我现在不到十八岁，还没有资格参加投票。

6. I'm just in a bad mood, and it doesn't _____ you at all.

   我只是心情不好，跟你没什么关系。

7. The two of them couldn't _____ our wedding because they were on a business trip.

   他们两个出差了，所以没能参加我们的婚礼。

8. The antique fetched $1 million at the _____ .

   这件古董在拍卖会上卖到了100万美元。

9. The car was _____ impounded.

   这辆汽车最终被扣押了。

10. It's snowing and the road is very slippery. You must drive _____ .

    下雪了，路上很滑，你开车的时候一定要小心。

你答对了几道题呢？

答案

1. famous	2. item	3. announced	4. to my taste	5. qualified
6. concern	7. attend	8. auction	9. eventually	10. carefully

35
不听劝告的多莉

漫画故事汇

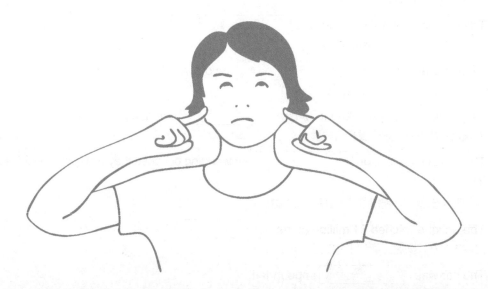

Dolly is going to the amusement park by herself tomorrow, but the weather forecast says there will be a drop in temperature. Her mother advised her to wait until the weather is fine, but she insisted on going. Before going to bed at night, dolly was absorbed in her mobile phone, and she was not going to sleep though it already was eleven o'clock. Her mother advised her to sleep early since staying up late is not good for health, but she still didn't listen. The next day, Dolly came back from the amusement park with a cold. She regretted not taking her mother's advice.

漫画故事译文

weather forecast　temperature
↑　　　　　　↑
多莉明天准备自己一个人去游乐园，但**天气预报**说明天**降温**。
↓
drop

advise　　　until weather
↑　　　　↑　↑
妈妈**劝**她说可以**等到天气**好的时候再去，可她还是**坚持**要去。
↓　　　　　　　　　　↓
wait　　　　　　　insist on

be absorbed in
↑
晚上睡觉前，多莉还在**专心地**玩手机，**虽然**已经十一点了，但是她还不打算睡觉。
↓
though

stay up
↑
妈妈就劝她早点睡，因为**熬夜**对身体不好，可她还是不听。

cold
↑
第二天，多莉从游乐园回来后就**感冒**了，她很**后悔**没有听妈妈的劝告。
↓
regret

单词、词组跟我学

→ **cold** [kəʊld] *n.* 寒冷 *a.* 冷的，冷酷的

→ **temperature** ['temprətʃə(r)] *n.* 气温，温度，体温

→ **weather** ['weðə(r)] *n.* 天气

→ **until** [ən'tɪl] *conj. & prep.* 直到……时

→ **though** [ðəʊ] *conj.* 虽然，即使 *ad.* 不过，但是

→ **drop** [drɒp] *n.* 滴 *v.* 下降

→ **weather forecast** 天气预报

→ **regret** [rɪ'gret] *v. & n.* 后悔，遗憾，惋惜

→ **advise** [əd'vaɪz] *v.* 建议，劝告

→ **insist on** 坚持

→ **be absorbed in** 专心于，沉浸在

→ **stay up** 熬夜

同步练习题

cold	weather forecast	temperature	regret
weather	advise	until	insist on
though	be absorbed in	drop	stay up

选词填空，注意填写适当的形式。

1. I always feel he is [_____] to me.
   我总觉得他对我很冷淡。

2. I'm so sensitive that I could even hear the water [_____] to the floor when sleeping at night.
   我很敏感，晚上睡觉的时候甚至还能听到水滴到地上的声音。

3. He [_____] reading and didn't notice that a woman entered the room.
   他正在专心致志地读书，没有注意到一个女人进入了房间。

4. Mary [_____] Lily not to be half-hearted while studying.
   玛丽劝莉莉学习的时候不要三心二意。

5. The weather has been so changeable recently that the [_____] is not that accurate.
   最近天气多变，就连天气预报也没那么准了。

6. I [_____] not having done that, otherwise it wouldn't be like this.
   我很后悔当时没有那样做，否则就不是这样的局面了。

7. He [_____] doing so and we never persuaded him.
   他坚持这样做，我们一直都没能说服他。

8. I [_____] late last night to finish the task.
   为了完成这项任务，我昨晚熬夜了。

9. My [_____] gradually returned to normal after I went back to the warm room.
   回到温暖的房间后，我的体温才慢慢恢复正常。

10. It was not [_____] twenty years later that our relations relaxed.
    直到二十年后，我们的关系才缓和下来。

你答对了几道题呢？

答案

1. cold	2. dropping	3. was absorbed in	4. advised	5. weather forecast
6. regretted	7. insisted on	8. stayed up	9. temperature	10. until

36
爷爷和孙子的代沟

Mike is an American boy and his father is Chinese. He was sent to live with his grandfather for a time. His grandfather is from the countryside of China. Neither he nor Mike can understand each other. At noon, Mike said that he wanted to eat hamburgers, but his grandpa could not understand, only remembered the word hamburger. So he asked the others where he could get a hamburger, but they didn't have any for sale in their village. Therefore, grandpa had to make one himself according to his imagination.

漫画故事译文

American
↑
迈克是一个**美国**小男孩，爸爸是个**中国人**。他被送到爷爷那里**生活**了**一段时间**。
↓   ↓
Chinese   live

for a time
↑

countryside   understand
↑   ↑
爷爷来自中国**农村**，他和迈克**都**听**不懂对方**说的话。
↓   ↓
neither... nor... each other

hamburger
↑
中午的时候迈克说他想吃**汉堡**，但爷爷听不懂，只记住了汉堡这个词。

others
↑
于是他就去问**其他人**哪里有卖汉堡的，但是他们那个村子没有卖的。

according to
↑
因此，爷爷只好**按照**自己的**想象**动手做了一个汉堡。
↓
imagination

单词、词组跟我学

→ **for a time** 一段时间

→ **others** ['ʌðə(r)s] *pron.* 其他人

→ **understand** [ˌʌndə'stænd] *v.* 理解

→ **each other** 互相

→ **hamburger** ['hæmbɜ:gə(r)] *n.* 汉堡包

→ **Chinese** [ˌtʃaɪ'ni:z] *n.* 中国人，中文 *a.* 中国（人的），中文的

→ **neither...nor...** 既不……也不……

→ **American** [ə'merɪkən] *n.* 美国人 *a.* 美国人的

→ **live with** 与……一起生活，忍受

→ **countryside** ['kʌntrɪsaɪd] *n.* 农村，乡村

→ **imagination** [ɪˌmædʒɪ'neɪʃn] *n.* 想象，想象力

→ **according to** 根据，按照

请在下面的空格中填写相应的英文单词或词组，写出其原形即可。

我来自英国，现在中国上学。

有一段时间，

_____

我和一个美国人 一起住在一间宿舍。

_____ _____

我们那段时间经常一起学习汉语，

_____

然后晚上就找其他人练习。

_____

我的室友即便是在中国也特别喜欢吃汉堡，

_____

我有点不能理解，因为中国的美食实在是太多了。

_____

而我的室友既不喜欢火锅，也不喜欢炒菜。

_____

按照我的猜测，他应该是不能吃辣，

_____

不过这也只是我自己的想象。

_____

闲暇的时候，我们偶尔会去乡下写生、摄影，

_____

也会互相介绍自己的朋友给对方认识。

_____

你答对了几道题呢？

答案

for a time	American	live with	Chinese	others	hamburger
understand	neither...nor...	according to	imagination	countryside	each other

单词大作战

英汉互译

1. get soaked →	14. 不幸地 →
2. give sb. a lecture →	15. 著名的 →
3. auction →	16. 使有资格，取得资格
4. attend →	→
5. carefully →	17. 合某人的胃口 →
6. announce →	18. 宣布 →
7. eventually →	19. 关心，担心，忧虑 →
8. advise →	20. 天气预报 →
9. insist on →	21. 气温，温度，体温 →
10. according to →	22. 后悔，遗憾，惋惜 →
11. 缺乏，由于 →	23. 专心于，沉浸在 →
12. 雨伞 →	24. 熬夜 →
13. 没想到会，不料却 →	25. 想象，想象力 →

答案

1. 淋湿的 / 2. 给某人上课，教训某人 / 3. 拍卖 / 4. 出席，参加，照料，处理 / 5. 小心地，仔细地 / 6. 宣布 / 7. 最终 / 8. 建议，劝告 / 9. 坚持 / 10. 根据，按照 / 11. out of / 12. umbrella / 13. only to / 14. unfortunately / 15. famous / 16. qualify / 17. to one's taste / 18. announce / 19. concern / 20. weather forecast / 21. temperature / 22. regret / 23. be absorbed in / 24. stay up / 25. imagination

37

爱德华和酒店的故事

Edward is often on a business trip, so he often stays in hotels. As he stays more often, he even knows more about hotels than other people. Among the many hotels he has stayed in, some have poor sound insulation but good service; some has good dining conditions but poor geographical location. Of course, some hotels are all good, but this kind of hotel is still in the minority. So with some experience, Edward would call to ask some relevant questions before checking in the hotel, and then decide whether to choose it or not.

漫画故事译文

be on a business trip
↑
爱德华经常**出差**，所以也经常住**酒店**。
↓
hotel

about
↑
由于住的次数多了，他甚至**对于**酒店的了解也比别人多。

among　　　　　poor
↑　　　　　　　↑
在他住过的众多酒店**中**，有的酒店**隔音差**，但服务好，
↓
insulation

condition
↑
有的酒店服务用餐**条件**好，但**地理**位置不太好。
↓
geographical

minority
↑
当然，也有的酒店样样都好，不过这种酒店还是占**少数**的。

experience
↑
所以有了一定的**经验**后，

check in　　　　　　　　　　　decide
↑　　　　　　　　.　　　　　　↑
爱德华每次在**入住**酒店之前都会先打电话问一些**相关的**问题，然后再**决定**是否要**选择**它。
↓　　　　　　　　　　　　　　↓
relevant　　　　　　　　　　choose

单词、词组跟我学

→ **be on a business trip** 出差

→ **about** [ə'baʊt] *prep.* 大约，关于

→ **choose** [tʃuːz] *v.* 选择

→ **among** [ə'mʌŋ] *prep.* 在……当中

→ **relevant** ['reləvənt] *a.* 相关的

→ **check in** 登记，办理登记手续

→ **decide** [dɪ'saɪd] *v.* 决定，断定

→ **hotel** [həʊ'tel] *n.* 酒店，旅馆，宾馆

→ **minority** [maɪ'nɒrəti] *n.* 少数，少数民族

→ **geographical** [ˌdʒiːə'græfɪkl] *a.* 地理的，地理学的

→ **insulation** [ˌɪnsjʊ'leɪʃn] *n.* 绝缘，隔离

→ **experience** [ɪk'spɪərɪəns] *n.* 经历，经验 *v.* 体验

→ **poor** [pɔː(r)] *a.* 贫穷的，可怜的，差的，低的

→ **condition** [kən'dɪʃn] *n.* 情况，条件，环境

写出下列英文单词的汉语意思，或与下列汉语相对应的英文单词或词组。

出差→ ☐

hotel → ☐

少数，少数民族→ ☐

about → ☐

地理的，地理学的→ ☐

choose → ☐

相关的→ ☐

among → ☐

经历，经验，体验→ ☐

insulation → ☐

登记，办理登记手续→ ☐

poor → ☐

情况，条件，环境→ ☐

decide → ☐

你答对了几道题呢？

答案

be on a business trip 　酒店，旅馆，宾馆　minority　　大约，关于　　geographical
选择　　relevant　　在……当中　　experience　　绝缘，隔离　　check in
贫穷的，可怜的，差的，低的　　condition　　决定，断定

130

38

1号足球球衣的故事

There is a number one football jersey treasured in my home, and there is a romantic story behind it. When my grandpa was young, he was going to take part in a football game one day, but my grandma was having trouble with him about something. So grandpa came up with a way to make grandma happy. He wore this football jersey outside with a white T-shirt inside, and took off it at the end of the game. It turned that he had written a confession of love to grandma on the T-shirt inside!

漫画故事译文

treasure   football jersey

↑   ↑

我家里**珍藏**着一件**1号足球球衣**，它背后还有一个**浪漫的**故事呢。

↓   ↓

number   romantic

young   trouble

↑   ↑

在爷爷**年轻的**时候，有一天他要**参加**足球比赛，但当时奶奶因为某件事正和他闹着**别扭**。

↓

take part in

come up with

↑

于是，爷爷就**想出**了一个办法来哄奶奶高兴。

wear   take off

↑   ↑

他外面**穿**着这件球衣，里面又套了一件白色的T恤衫，在比赛结束之际，他把这件球衣**脱掉**。

confession

↑

原来里面的白色短袖上写着和奶奶**告白**的话呢！

单词、词组跟我学

→ **football jersey** 足球球衣

→ **take part in** 参加

→ **young** [jʌŋ] *a.* 年轻的

→ **come up with** 提出，想出

→ **treasure** ['treʒə(r)] *n.* 珍宝 *v.* 珍藏

→ **number** ['nʌmbə(r)] *n.* 号码，数字 *v.* 把……编号

→ **confession** [kən'feʃn] *n.* 忏悔，告白，坦白

→ **romantic** [rəʊ'mæntɪk] *a.* 浪漫的，关于爱情的，传奇的

→ **wear** [weə(r)] *v.* 穿戴，留着（头发、胡子等），磨损

→ **take off** 脱掉，起飞，成功，休假

→ **trouble** ['trʌbl] *n. & v.* 麻烦，烦恼

同步练习题

根据所给的汉语意思和单词或词组，写出相应的英文句子。

1. 大约有十分之一的市民参与了这项调查。（take part in）

_____

2. 本次航班将于十分钟后准时起飞。（take off）

_____

3. 虽然我已经三十岁了，但我觉得自己很年轻。（young）

_____

4. 向神父忏悔之后，他感到如释重负。（confession）

_____

5. 我不喜欢留胡子的男人。（wear）

_____

6. 我很珍惜我们之间的友谊。（treasure）

_____

7. 虽然情人节那天很浪漫，但是我不喜欢。（romantic）

_____

8. 我还是没记住他的电话号码。（number）

_____

9. 他不肯把烦恼告诉我，我只好不再追问。（trouble）

_____

10. 他提出了一个有效的解决办法。（come up with）

_____

你答对了几道题呢？

答案

1. About one in ten citizens took part in the survey.

2. The flight will take off on time in ten minutes.

3. Although I am thirty years old, I still feel very young.

4. After his confession to the priest, he felt a relief.

5. I don't like men wearing beards.

6. I treasure the friendship between us a lot.

7. Valentine's day is a romantic day, but I don't like it.

8. I haven't been able to remember his telephone number.

9. He refused to tell me his troubles, so I had to stop asking.

10. He came up with an effective solution.

39

老爸的智慧

Mr. White's son Johnny, who is three years old, is usually very naughty and is in an age of baby rebellious period now. Once, when he and his father went out together, Johnny wanted to take a car but his father said it was okay to walk. As a result, he said "drive" while his father said "walk" for a while. Then his father suddenly thought of a way and said "drive". Sure enough, Johnny said "walk" instead. The matter was thus readily solved.

漫画故事译文

怀特先生的儿子约翰尼今年三岁了，**平时**很顽皮，现在正处于宝宝**叛逆期**。

usually ↑

period ↑ ↓ rebellious

有一次，爸爸和约翰尼一起出门，约翰尼想要**坐车**，但是爸爸说**走路**就可以了。

once ↑

walk ↑ ↓ take a car

结果他说一句"**开车**"，爸爸说一句"走路"，就这样说了好一会儿。

drive ↑

然后爸爸突然**想出**一个方法，便说"开车"。

think of ↑

果然，约翰尼就**改口**说了"走路"。

sure enough ↓ instead

这件事就这样**轻松地解决**了。

readily ↑ ↓ solve

单词、词组跟我学

→ **sure enough** 果然

→ **rebellious** [rɪ'beljəs] *a.* 叛逆的，反叛的

→ **walk** [wɔːk] *n. & v.* 走路，步行，散步

→ **think of** 想到，想起，认为

→ **instead** [ɪn'sted] *ad.* 代替，反而

→ **solve** [sɒlv] *v.* 解决

→ **usually** ['juːʒʊəli] *ad.* 通常，一般

→ **once** [wʌns] *ad.* 曾经，一次 *conj.* 一旦

→ **take a car** 乘车

→ **drive** [draɪv] *v.* 开车，驾驶，驱动

→ **readily** ['redɪli] *ad.* 轻而易举地，乐意地

→ **period** ['pɪərɪəd] *n.* 时期，一段时间，句号，经期

sure enough	usually	rebellious	once
walk	take a car	think of	drive
instead	readily	solve	period

选词填空，注意填写适当的形式。

1. I like [   ] very much, because it not only helps to lose weight, but also helps to prevent various diseases.

   我很喜欢散步，因为这不仅有助于减肥，还有助于预防各种疾病。

2. I was [   ] when he called me.

   他给我打电话时，我正在开车。

3. I decided not to look for him and stay at home [   ].

   我决定不去找他，而是待在家里。

4. Whenever I [   ] that, I want to call him.

   每当我想起那件事，我就想给他打电话。

5. [   ], the result is not much different from what I predicted.

   果然，结果与我预测的相差无几。

6. Using the computer, we can [   ] get the result of calculation.

   利用电脑，我们很容易地就得出了计算结果。

7. [   ] the secret is revealed, all the employees will be in danger of losing their jobs.

   机密一旦泄露，所有员工都将面临失业的危险。

8. The story is set in an imaginary historical [   ].

   这个故事被设定在一个虚构的历史时期。

9. I remember something that happened when I was in the [   ] phase.

   我还记得我在叛逆期时发生的一些事。

10. The problem is difficult to [   ] and we must turn to him for help.

    这个问题很难解决，我们必须求助他。

你答对了几道题呢？

答案

1. walking	2. driving	3. instead	4. think of	5. Sure enough
6. readily	7. Once	8. period	9. rebellious	10. solve

40
成功的故事

Da Vinci loved painting since he was a child. When his teacher first taught him, he was asked to start with drawing eggs, which lasted more than ten days. Then he became impatient. So his teacher told him, "Don't think it's easy to draw eggs. No two eggs in a thousand are exactly the same, and even one egg is different from different angles. If you want to paint well, you have to work hard." From then on, Da Vinci worked harder and finally became a master painter.

漫画故事译文

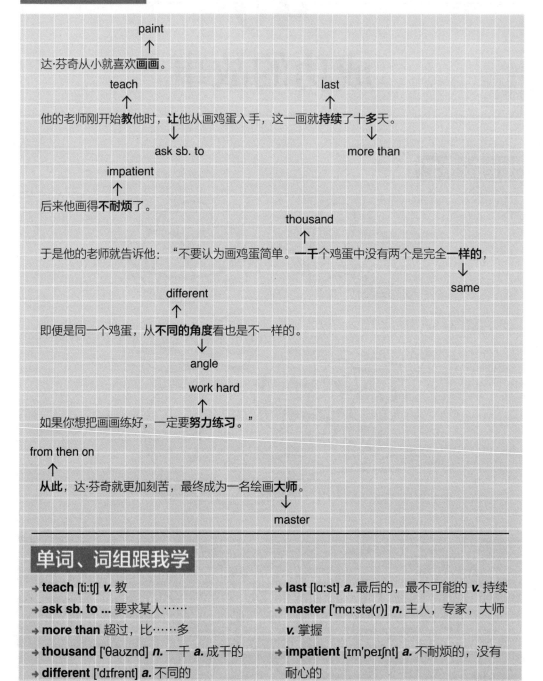

paint
↑
达·芬奇从小就喜欢**画画**。

teach
↑
他的老师刚开始**教**他时，**让**他从画鸡蛋入手，这一画就**持续**了十多天。
↓
ask sb. to

last
↑
↓
more than

impatient
↑
后来他画得**不耐烦**了。

thousand
↑
于是他的老师就告诉他："不要认为画鸡蛋简单。**一千**个鸡蛋中没有两个是完全**一样的**，
↓
same

different
↑
即便是同一个鸡蛋，从**不同的**角度看也是不一样的。
↓
angle

work hard
↑
如果你想把画画练好，一定要**努力练习**。"

from then on
↑
从此，达·芬奇就更加刻苦，最终成为一名绘画**大师**。
↓
master

单词、词组跟我学

→ **teach** [tiːtʃ] **v.** 教

→ **ask sb. to ...** 要求某人……

→ **more than** 超过，比……多

→ **thousand** ['θaʊznd] **n.** 一千 **a.** 成千的

→ **different** ['dɪfrənt] **a.** 不同的

→ **work hard** 努力学习，努力工作

→ **paint** [peɪnt] **v.** 绘画，涂抹（嘴唇、指甲等），给……上油漆

→ **last** [lɑːst] **a.** 最后的，最不可能的 **v.** 持续

→ **master** ['mɑːstə(r)] **n.** 主人，专家，大师 **v.** 掌握

→ **impatient** [ɪm'peɪʃnt] **a.** 不耐烦的，没有耐心的

→ **same** [seɪm] **a.** 一样的

→ **angle** ['æŋgl] **n.** 角，角度

→ **from then on** 从那时起

同步练习题

same	more than	work hard	paint
last	teach	ask sb. to	different
angle	impatient	thousand	master

选出与下列图片相符的单词。

1.   2.  3.  4.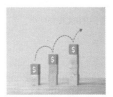

5.  6.  7.  8.

9.   10.   11.   12.

1. _____ 2. _____ 3. _____ 4. _____

5. _____ 6. _____ 7. _____ 8. _____

9. _____ 10. _____ 11. _____ 12. _____

你答对了几道题呢？

答案

1. work hard   2. thousand   3. angle   4. more than   5. impatient   6. different

7. teach   8. ask sb. to   9. paint   10. last   11. same   12. master

单词大作战

1. be on a business trip →

2. minority →

3. choose →

4. check in →

5. condition →

6. confession →

7. come up with →

8. take off →

9. sure enough →

10. impatient →

11. 地理的，地理学的 →

12. 绝缘，隔离 →

13. 相关的 →

14. 经历，经验，体验 →

15. 决定，断定 →

16. 参加 →

17. 浪漫的，关于爱情的，传奇的 →

18. 珍宝，珍藏 →

19. 叛逆的，反叛的 →

20. 轻而易举地，乐意地 →

21. 解决 →

22. 不同的 →

23. 角，角度 →

24. 努力学习，努力工作 →

25. 从那时起 →

答案

1. 出差 / 2. 少数，少数民族 / 3. 选择 / 4. 登记，办理登记手续 / 5. 情况，条件，环境 / 6. 忏悔，告白，坦白 / 7. 提出，想出 / 8. 脱掉，起飞，成功，休假 / 9. 果然 / 10. 不耐烦的，没有耐心的 / 11. geographical / 12. insulation / 13. relevant / 14. experience / 15. decide / 16. take part in / 17. romantic / 18. treasure / 19. rebellious / 20. readily / 21. solve / 22. different / 23. angle / 24. work hard / 25. from then on

41

亨利和约翰的理发店

Thirty years ago, two brothers, Henry and John, opened a barbershop, and almost all the people around would went to their barbershop to have their hair cut at that time. Sometimes even people who didn't have their hair cut would sit around and chat in their barbershop, among which are old people, as well as young people and children. The barbershop is still open today, but most of its customers are elderly. On the other hand, people rarely gather there to chat.

漫画故事译文

barbershop
↑
三十年前，亨利和约翰兄弟两个开了一家**理发店**，

at that time   almost
↑   ↑
当时附近的人**几乎**都会去他们的理发店**理发**。
↓   ↓
around   have one's hair cut

sometimes
↑
有时候，即便不理发的人也会坐在那里聊天，这其中既有老人，**也**有年轻人和小孩。
↓
as well as

open
↑
到了现在，这家理发店还在继续**营业**，但是**顾客**大多数是老人。
↓
customer

on the other hand   gather
↑   ↑
另一方面，人们也**很少聚集**在那里聊天了。
↓
rarely

单词、词组跟我学

→ **barbershop** ['bɑ:bəʃɒp] *n.* 理发店

→ **almost** ['ɔ:lməʊst] *ad.* 几乎，差不多

→ **have one's hair cut** 某人理发

→ **as well as** 也，和……一样

→ **customer** ['kʌstəmə(r)] *n.* 客户，顾客

→ **gather** ['gæðə(r)] *v.* 聚集，收集

→ **at that time** 在那时，当时

→ **around** [ə'raʊnd] *ad.* 大约，周围，到处

→ **sometimes** ['sʌmtaɪmz] *ad.* 有时，偶尔

→ **on the other hand** 另一方面

→ **rarely** ['reəli] *ad.* 很少地

→ **open** ['əʊpən] *v.* 打开，营业 *a.* 开着的，开阔的

下列单词或词组中，如有拼写错误的请将其改正并写出汉语意思，拼写正确的直接写出汉语意思。

custumer _____

gathar _____

around _____

as well as _____

almust _____

barbarshop _____

sometimes _____

at that time _____

raerly _____

open _____

你答对了几道题呢？

答案

custumer → customer 客户，顾客

around 大约，周围，到处

almust → almost 几乎，差不多

sometimes 有时，偶尔

raerly → rarely 很少地

open 打开，营业，开着的，开阔的

gathar → gather 聚集，收集

as well as 也，和……一样

barbarshop → barbershop 理发店

at that time 在那时，当时

42

不加班的皮特

Peter is 30 years old now, and almost never works overtime, while his friends about the same age often take the initiative to do so. He hurries home as soon as it is time to leave work. Once he was talking about this topic with a friend, who asked him why he never works overtime. He replied, "I work hard every minute of the seven hours during the work, so I could complete my work every day. In this way, I have time to spend with my family after work. If I work overtime a lot, when will I be able to make time for my family?"

漫画故事译文

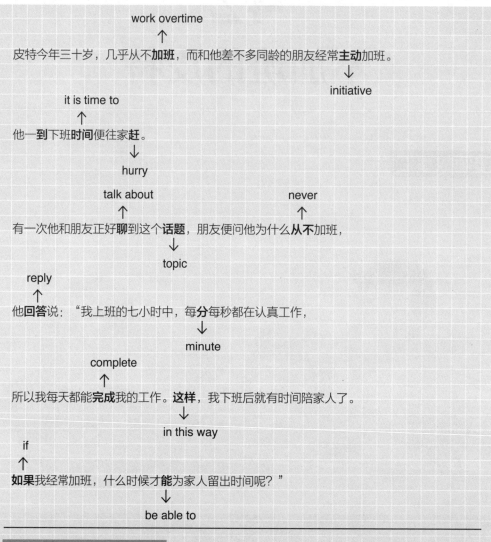

work overtime
↑
皮特今年三十岁，几乎从不**加班**，而和他差不多同龄的朋友经常**主动**加班。
↓
initiative

it is time to
↑
他一**到**下班**时间**便往家**赶**。
↓
hurry

talk about   never
↑   ↑
有一次他和朋友正好**聊**到这个**话题**，朋友便问他为什么**从不**加班，
↓
topic

reply
↑
他**回答**说："我上班的七小时中，每**分**每秒都在认真工作，
↓
minute

complete
↑
所以我每天都能**完成**我的工作。**这样**，我下班后就有时间陪家人了。
↓
in this way

if
↑
如果我经常加班，什么时候才**能**为家人留出时间呢？"
↓
be able to

单词、词组跟我学

→ **work overtime** 加班

→ **it is time to** 是做……的时候了

→ **talk about** 讨论

→ **topic** ['tɒpɪk] **n.** 话题

→ **minute** ['mɪnɪt] **n.** 分钟

→ **in this way** 用这种方法，这样

→ **complete** [kəm'pli:t] **v.** 完成，使齐全 **a.** 完全的，完整的

→ **initiative** [ɪ'nɪʃətɪv] **n.** 主动，首创精神，法案

→ **hurry** ['hʌri] **v.** 匆忙，赶紧

→ **never** ['nevə(r)] **ad.** 从不，决不

→ **reply** [rɪ'plaɪ] **v.** 回应，回答 **n.** 回答

→ **be able to** 有能力做

→ **if** [ɪf] **conj.** 如果，要是，是否

146

同步练习题

请在下列空格中填写合适的单词或词组，注意使用适当的形式。

1. I'm not sure _____ he will promise to see me off tomorrow.
   我不确定他是否会答应明天去送我。

2. You are no longer a child. _____ learn to control your temper.
   你现在已经不是小孩子了，是时候学着控制自己的脾气了。

3. The company listed _____ as one of the standards for promotion and salary increase.
   这家公司将首创精神列为升职加薪的标准之一。

4. I don't know why he always evades the _____ of marriage.
   不知道为什么，他总是回避婚姻这个话题。

5. I didn't know what to say, so I was silent for a few _____.
   我不知道该怎么说，就沉默了几分钟。

6. Only _____ can we finish the task in advance.
   只有这样，我们才能提前完成任务。

7. I _____ cook at the age of 10.
   我十岁就会做饭了。

8. He frowned, as if not satisfied with my _____.
   他皱了皱眉，好像不满意我的回答。

9. I have to _____ today, or I won't finish the task.
   我今天必须加班，不然就完不成任务了。

10. I wish this meeting a _____ success.
    预祝本次会议取得圆满成功。

你答对了几道题呢？

答案

1. if	2. It's time to	3. initiative	4. topic	5. minutes
6. in this way	7. was able to	8. reply	9. work overtime	10. complete

147

43

自以为是的狐狸

There was a fox who thought himself was very clever, so he was very arrogant. One day, while he was walking in the forest, he saw a giraffe in front of him skirting in a place. And a rabbit did the same. The fox was very puzzled, but also deemed that the giraffe and the rabbit were very stupid. Why did they have to skirt the way instead of going straight? He thought he was smart enough to go straight over, only to fall into a trap.

漫画故事译文

fox
↑
有一只**狐狸**自以为很聪明，于是他很**高傲**。
↓
arrogant

forest   skirt
↑   ↑
有一天，他在**森林**里走着，看见前面的一只**长颈鹿**走到一处后**绕**了过去。
↓
giraffe

puzzled
↑
接下来，一只兔子也是如此。狐狸心里很**纳闷**，

deem   go straight
↑   ↑
但是他还是**觉得**长颈鹿和兔子很**笨**，他们为什么**不直走**过去而非要绕过去呢？
↓
stupid

trap
↑
他自作聪明地径直走了过去，不料却掉进了**陷阱**。

单词、词组跟我学

→ **fox** [fɒks] *n.* 狐狸，狡猾的人

→ **forest** ['fɒrɪst] *n.* 森林

→ **giraffe** [dʒəˈrɑːf] *n.* 长颈鹿

→ **deem** [diːm] *v.* 认为，相信

→ **stupid** ['stjuːpɪd] *a.* 愚蠢的

→ **arrogant** ['ærəgənt] *a.* 傲慢的，自大的

→ **skirt** [skɜːt] *n.* 裙子，边缘 *v.* 绕开，避开

→ **puzzled** ['pʌzld] *a.* 困惑的，茫然的

→ **go straight** 直走

→ **trap** [træp] *n.* 陷阱，圈套 *v.* 诱骗，用捕
捉器捕捉

请在下面的空格中填写相应的英文单词或词组，写出其原形即可。

我今天下班后没有在外面吃饭，

而是直走回到了家。

`_____`

到家后我脱下裙子，换上睡衣，

`_____`

然后看了一个电视节目，讲的是野生动物如何生存，

比如长颈鹿和狐狸。

`_____`　　`_____`

看完这个节目，

我就不再对有些动物的强大生存能力感到疑惑了。

`_____`

有的动物很聪明，

会避开猎人设置的陷阱。

`_____`

其实森林中的大多数动物都没有我们想象中的愚蠢，

`_____`　　　　　`_____`

而我认为人类有时候是有些自大的。

`_____`　　`_____`

你答对了几道题呢？

答案

go straight	skirt	giraffe	fox	puzzled
trap	forest	stupid	deem	arrogant

44

哈根达斯的爱情故事

Rumour has it that Haagen-dazs has a touching love story behind it. Its founder Reuben met the love of his life — Joe Berena — while traveling in Denmark, but was opposed by the woman's family for being poor. In order to be with Joe, Reuben decided to make a career of his own. But in the second year after he left Joe, a friend told him that Joe had died. Ruben was so heartbroken and he started making fruit ice and named it Haagen-dazs, which was a huge success later. Many years later, Reuben got a call from Joe. It turned out that Joe didn't die. She was forced to get married by her family after Reuben left, and to make Reuben forget about herself, Joe asked a friend to tell Reuben that she was dead. Now that Joe's husband was dead and Reuben was unmarried, they got married. The story was very moving, but in fact it was a lie and a successful marketing.

漫画故事译文

touching
↑
据传，哈根达斯背后有一个**感人的**爱情故事。

founder　　　　　while
↑　　　　　　　　↑
其**创始人**鲁本在丹麦**旅游时**遇到了自己的一生所爱——乔·贝列娜，
↓
travel

oppose
↑
但因贫穷而遭到了女方家人的**反对**。为了能和乔在一起，鲁本决定干出一番**事业**。
↓
career

second
↑
但在离开乔的**第二**年，一位朋友告诉他乔已经**去世**了。
↓
die

name
↑
鲁本非常伤心，后来开始了制作水果冰的事业，并将其**取名**为哈根达斯，后来大为**成功**。
↓
success

get married
很多年后，鲁本竟然接到了乔的电话。原来乔没有死，当年鲁本离开后，家里人就**逼**乔**结婚**了。
↓
force

now that
↑
为了让鲁本忘了自己，乔就让朋友告诉鲁本自己去世了。**既然**乔的丈夫已经去世，而鲁本未曾娶妻，于是两人结婚了。这个故事很感人，但实际上它是一个谎言，并且，它是一次成功的营销。

单词、词组跟我学

→ **touching** ['tʌtʃɪŋ] *a.* 感人的

→ **travel** ['trævl] *v. & n.* 旅行，旅游

→ **oppose** [ə'pəʊz] *v.* 反对

→ **get married** 结婚

→ **success** [sək'ses] *n.* 成功

→ **now that** 既然

→ **second** ['sekənd] *n.* 秒 *a.* 第二的，次要的

→ **founder** ['faʊndə(r)] *n.* 创始人 *v.* 失败，沉没

→ **while** [waɪl] *conj.* 当……的时候，虽然

→ **career** [kə'rɪə(r)] *n.* 职业，事业

→ **name** [neɪm] *n.* 名字 *v.* 命名

→ **die** [daɪ] *v.* 死亡，凋谢，熄灭，渴望

→ **force** [fɔːs] *n.* 武力，力量 *v.* 强迫

同步练习题

写出下列英文单词或词组的汉语意思，或与下列汉语相对应的英文单词或词组。

感人的 → _____

travel → _____

创始人，失败，沉没 → _____

while → _____

反对 → _____

name → _____

职业，事业 → _____

die → _____

结婚 → _____

now that → _____

成功 → _____

second → _____

武力，力量，强迫 → _____

答案

touching	旅行，旅游	founder	当……的时候，虽然	oppose
名字，命名	career	死亡，凋谢，熄灭，渴望		get married
既然	success	秒，第二的，次要的		force

单词大作战

1. on the other hand →

2. rarely →

3. initiative →

4. it is time to →

5. complete →

6. arrogant →

7. stupid →

8. founder →

9. oppose →

10. now that →

11. 某人理发 →

12. 有时，偶尔 →

13. 也，和……一样 →

14. 客户，顾客 →

15. 聚集，收集 →

16. 加班 →

17. 回答，回应 →

18. 用这种方法，这样 →

19. 困惑的，茫然的 →

20. 认为，相信 →

21. 陷阱，圈套，诱骗，用捕捉器捕捉

  →

22. 感人的 →

23. 职业，事业 →

24. 结婚 →

25. 武力，力量，强迫 →

答案

1. 另一方面 / 2. 很少地 / 3. 主动，首创精神，法案 / 4. 是做……的时候了 / 5. 完成，使齐全，完全的，完整的 / 6. 傲慢的，自大的 / 7. 愚蠢的 / 8. 创始人，失败，沉没 / 9. 反对 / 10. 既然 / 11. have one's hair cut / 12. sometimes / 13. as well as / 14. customer / 15. gather / 16. work overtime 17. reply / 18. in this way / 19. puzzled / 20. deem / 21. trap / 22. touching / 23. career / 24. get married / 25. force

154

45

人美心善的戴安娜王妃

漫画故事汇

Princess Diana was not only beautiful, but also very kind-hearted. After her marriage to prince Charles, she has devoted herself to charity, supporting and founding more than 20 charity foundations in her lifetime. Contrary to the lofty image of the British royal family, Princess Diana not only visited orphanages, but also became the first royal princess to visit AIDS patients in person. She later donated all 3.5 million pounds from the auction of her clothes to charity.

漫画故事译文

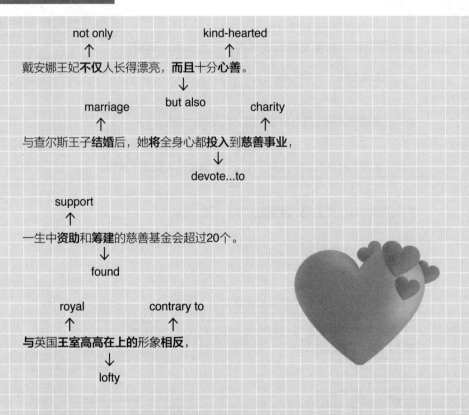

not only　　　　　kind-hearted
↑　　　　　　　　↑

戴安娜王妃**不仅**人长得漂亮，**而且**十分**心善**。
↓
but also

marriage　　　　　　　　　　charity
↑　　　　　　　　　　　　　↑

与查尔斯王子**结婚**后，她**将**全身心都**投入**到**慈善事业**，
↓
devote...to

support
↑

一生中**资助**和**筹建**的慈善基金会超过20个。
↓
found

royal　　　　　contrary to
↑　　　　　　　↑

与英国**王室**高高在上的形象**相反**，
↓
lofty

戴安娜王妃不仅探访过孤儿院，而且还是英国皇室第一位**亲自**探访艾滋病患者的王妃。
↓
in person

donate
↑

后来，她还把拍卖衣服得来的350万英镑全部**捐**给了慈善机构。

单词、词组跟我学

→ **marriage** ['mærɪdʒ] *n.* 婚姻

→ **devote ... to** 致力于，把……奉献给

→ **found** [faʊnd] *v.* 创立，建立

→ **royal** ['rɔɪəl] *a.* 王室的，皇家的

→ **in person** 亲自

→ **donate** [dəʊ'neɪt] *v.* 捐赠，捐献

→ **kind-hearted** [kaɪnd 'hɑːtɪd] *a.* 善良的，仁慈的

→ **charity** ['tʃærəti] *n.* 慈善事业，慈善机构，施舍

→ **support** [sə'pɔːt] *v.* 支持，资助，供养，支撑

→ **contrary to** 与……相反

→ **lofty** ['lɒfti] *a.* 崇高的，高耸的，高傲的

→ **not only ... but also ...** 不仅……而且……

请在下面的空格中填写相应的英文单词或词组,写出其原形即可。

致力慈善事业是一种很崇高的行为,

[_____] [_____]

他们把大量的时间和身心都奉献给了需要帮助的人。

[_____]

这种人不仅为社会做出了贡献,而且也给身边的人做出了榜样。

[_____] [_____]

英国王室的戴安娜王妃的婚姻虽然没有那么幸运,

[_____] [_____]

但与此相反的是,

[_____]

善良的她创建了二十多个慈善基金会,

[_____] [_____]

资助并帮助了无数的人,

[_____]

还捐赠了无数的钱财,

[_____]

并亲自慰问艾滋病患者。

[_____]

她将永远活在人们心中。

你答对了几道题呢?

答案

charity	lofty	devote to	not only	but also	royal
marriage	contrary to	kind-hearted	found	support	donate
in person					

46

捡垃圾的小汤姆

Little Tom is eight years old and has just entered the second grade. If he sees rubbish, he will always pick it up and throw it into the dustbin. The other kids didn't understand, so they ask little Tom, "This isn't your rubbish. Why did you pick it up? Don't you think it's troublesome?" Little Tom said, "Although I did not throw it, it is everyone's duty to protect the environment. If we all could do so, our earth would be much cleaner than it is now."

漫画故事译文

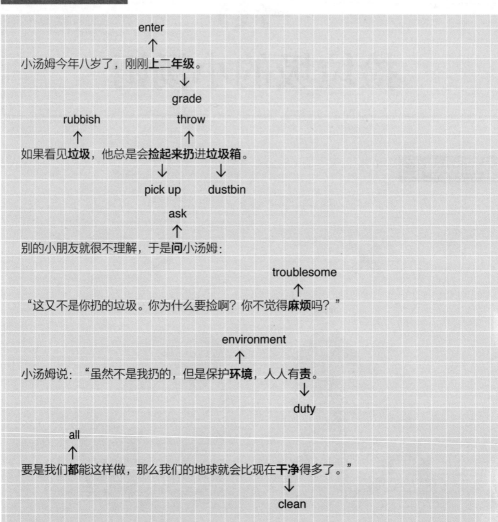

小汤姆今年八岁了，刚刚**上二年级**。
（enter ↑ ↓ grade）

如果看见**垃圾**，他总是会**捡起来扔**进**垃圾箱**。
（rubbish ↑ throw ↓ ↓ pick up dustbin）

别的小朋友就很不理解，于是**问**小汤姆：
（ask ↑）

"这又不是你扔的垃圾。你为什么要捡啊？你不觉得**麻烦**吗？"
（troublesome ↑）

小汤姆说："虽然不是我扔的，但是保护**环境**，人人有**责**。
（environment ↑ ↓ duty）

要是我们**都**能这样做，那么我们的地球就会比现在**干净**得多了。"
（all ↑ ↓ clean）

单词、词组跟我学

→ **enter** ['entə(r)] **v.** 进入，加入，输入

→ **clean** [kli:n] **a.** 干净的 **v.** 打扫

→ **pick up** 捡起，（开车）接，（轻松）学会，收拾

→ **troublesome** ['trʌblsəm] **a.** 麻烦的，令人讨厌的

→ **environment** [ɪn'vaɪrənmənt] **n.** 环境

→ **all** [ɔ:l] **a.** 全部的，所有的 **pron.** 全部

→ **grade** [greɪd] **n.** 等级，年级，成绩

→ **throw** [θrəʊ] **v.** 扔，投下（光、影子等）

→ **dustbin** ['dʌstbɪn] **n.** 垃圾箱

→ **ask** [ɑ:sk] **v.** 问，要求，请求，索要

→ **duty** ['dju:ti] **n.** 责任，职责，义务

→ **rubbish** ['rʌbɪʃ] **n.** 垃圾

请在下列空格中填写合适的单词或词组，注意使用适当的形式。

1. Although he is a new comer, he quickly adapted to the new [   ].
   虽然初来乍到，但他很快就适应了新环境。

2. I [   ] playing the piano while watching the video.
   我边看视频边学弹钢琴。

3. I [   ] this information into the computer.
   我把这个信息输入到电脑。

4. [   ] his classmates knew about his illness and then donated money for him.
   他所有的同学知道了他的病情后给他捐了款。

5. I [   ] my room to welcome the guests.
   我把房间打扫了一遍以迎接客人。

6. I have to go to four different places to apply for the materials, which is really [   ].
   我不得不前往四个不同的地方申请材料，真是麻烦。

7. I [   ] the ball into the distance, and then my dog took it back.
   我把球扔向远方，然后我的狗又把它叼了回来。

8. His [   ] have remained at this level.
   他的成绩一直保持在这个水平。

9. It is not my [   ] to tell you everything.
   我没有义务把一切都告诉你。

10. I wanted to [   ] him for something, but he was not at home.
    我想找他要点东西，但他不在家。

你答对了几道题呢？

答案

1. environment	2. picked up	3. entered	4. All	5. cleaned
6. troublesome	7. threw	8. grades	9. duty	10. ask

47
压力变动力的故事

Benjamin Franklin

Benjamin Franklin was born into a poor family, and he dropped out of school at the age of ten. Then he worked as an editor in printing houses in his hometown, New York, Philadelphia and other places. Later, he started his business with a merchant friend from London, but in 1727, both of them became seriously ill, so he lost his job again. After a while, with his printing experience and skills, he opened a printing factory. In this way, Franklin turned these pressures into motivation again and again, and finally succeeded.

漫画故事译文

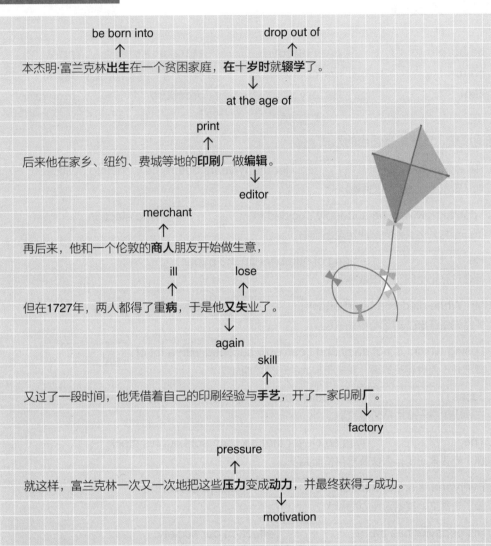

be born into

drop out of
↑

本杰明·富兰克林**出生**在一个贫困家庭，**在十岁时**就**辍学**了。
↓
at the age of

print
↑

后来他在家乡、纽约、费城等地的**印刷**厂做**编辑**。
↓
editor

merchant
↑

再后来，他和一个伦敦的**商人**朋友开始做生意，

ill   lose
↑   ↑

但在1727年，两人都得了重**病**，于是他**又失**业了。
↓
again

skill
↑

又过了一段时间，他凭借着自己的印刷经验与**手艺**，开了一家印刷**厂**。
↓
factory

pressure
↑

就这样，富兰克林一次又一次地把这些**压力**变成**动力**，并最终获得了成功。
↓
motivation

单词、词组跟我学

→ **be born into** 出生于

→ **at the age of** 在……岁时

→ **editor** ['edɪtə(r)] *n.* 编辑，主编，剪辑师

→ **ill** [ɪl] *a.* 生病的，有害的 *ad.* 不合适地

→ **skill** [skɪl] *n.* 技巧，才能，本领

→ **pressure** ['preʃə(r)] *n.* 压力，气压

→ **lose** [luːz] *v.* 失去，丢失，输掉

→ **drop out of** 从……中退出

→ **print** [prɪnt] *v.* 印，印刷，打印

→ **merchant** ['mɜːtʃənt] *n.* 商人

→ **again** [ə'gen] *ad.* 再一次

→ **factory** ['fæktri] *n.* 工厂

→ **motivation** [ˌməʊtɪ'veɪʃn] *n.* 动力，动机

同步练习题

选词填空，注意填写适当的形式。

1. He worked as an ⬚ for many years before he went into politics.
   他从政前当了很多年的编辑。

2. I don't know why he suddenly decided to ⬚ the election.
   不知道为什么，他突然决定退出选举。

3. He ⬚ a string of numbers on the paper.
   他在这张纸上印了一串数字。

4. Mr. White died of a heart attack ⬚ 85.
   怀特先生在85岁时因心脏病去世。

5. Losing weight is not easy and I can only succeed with a lot of ⬚ .
   减肥并不是件容易的事，我要有很大的动力才能成功。

6. Jesse ⬚ a middle class family.
   杰西出生在一个中产阶级家庭。

7. The ⬚ was so clever that he soon sold out his stock.
   那个商人很聪明，很快就把存货卖完了。

8. Everyone is under a lot of ⬚ except Steven.
   除了史蒂文，其他人压力都很大。

9. His behavior has an ⬚ effect on our society.
   他的行为给社会带来了不良影响。

10. He has great ⬚ in painting.
    在绘画方面，他有高超的技能。

你答对了几道题呢？

答案

1. editor	2. drop out of	3. printed	4. at the age of	5. motivation
6. was born into	7. merchant	8. pressure	9. ill	10. skill

48
厨师的白帽子的由来

Legend has it that during the middle ages, there were frequent wars in Greece, and many people took refuge in a monastery, including many chefs. As more and more people took refuge in the monastery, the original chefs were not enough, so these chefs who took refuge here helped cook. They put on white clothes and white hats in order to distinguish themselves from the chefs who were in black clothes and hats, in the monastery. Later, the habit was kept and spread all over the world.

漫画故事译文

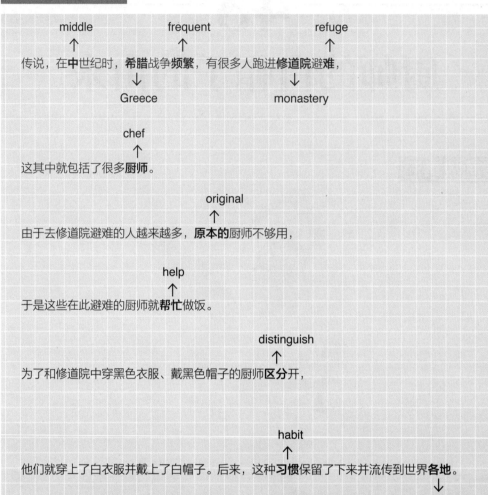

middle	frequent	refuge

传说，在**中**世纪时，**希腊**战争**频繁**，有很多人跑进**修道院**避难，

Greece   monastery

chef

这其中就包括了很多**厨师**。

original

由于去修道院避难的人越来越多，**原本的**厨师不够用，

help

于是这些在此避难的厨师就**帮忙**做饭。

distinguish

为了和修道院中穿黑色衣服、戴黑色帽子的厨师**区分**开，

habit

他们就穿上了白衣服并戴上了白帽子。后来，这种**习惯**保留了下来并流传到世界**各地**。

all over

单词、词组跟我学

→ **middle** ['mɪdl] *n.* 中间，中期 *a.* 中间的

→ **refuge** ['refju:dʒ] *v.* 逃避 *n.* 避难所

→ **monastery** ['mɒnəstri] *n.* 修道院

→ **distinguish** [dɪ'stɪŋgwɪʃ] *v.* 区分，辨别

→ **original** [ə'rɪdʒənl] *a.* 原始的，最初的，
　原件的，原创的

→ **frequent** ['fri:kwənt] *a.* 频繁的

→ **Greece** [gri:s] *n.* 希腊

→ **chef** [ʃef] *n.* 厨师

→ **help** [help] *n. & v.* 帮助

→ **habit** ['hæbɪt] *n.* 习惯

→ **all over** 到处

下列单词或词组中，如有拼写错误的请将其改正并写出汉语意思，拼写正确的直接写出汉语意思。

Greace _____

habbit _____

monestery _____

originle _____

help _____

distinguaish _____

chef _____

frequant _____

rafuge _____

middle _____

答案

Greace → Greece 希腊

monestery → monastery 修道院

help 帮助，有助于

chef 厨师

rafuge → refuge 避难，避难所

habbit → habit 习惯

originle → original 原始的，最初的

distinguaish → distinguish 区分，辨别

frequant → frequent 频繁的

middle 中间，中期，中间的

单词大作战

1. 婚姻 → _____

2. 致力于，把……奉献给 → _____

3. 慈善事业，慈善机构，施舍 → _____

4. 与……相反 → _____

5. 崇高的，高耸的，高傲的 → _____

6. 捐赠，捐献 → _____

7. 麻烦的，令人讨厌的 → _____

8. 环境 → _____

9. 从……中退出 → _____

10. 商人 → _____

11. 压力，气压 → _____

12. 动力，动机 → _____

13. 频繁的 → _____

14. 区分，辨别 → _____

15. 原始的，最初的，原件的，原创的 → _____

16. found → _____

17. support → _____

18. royal → _____

19. throw → _____

20. pick up → _____

21. duty → _____

22. be born into → _____

23. print → _____

24. editor → _____

25. habit → _____

答案

1. marriage / 2. devote...to / 3. charity / 4. contrary to / 5. lofty / 6. donate / 7. troublesome / 8. environment / 9. drop out of / 10. merchant / 11. pressure / 12. motivation / 13. frequent / 14. distinguish / 15. original / 16. 创立，建立 / 17. 支持，资助，供养，支撑 / 18. 王室的，皇家的 / 19. 扔，投下（光、影子等）/ 20. 捡起，（开车）接，（轻松）学会，收拾 / 21. 责任，职责，义务 / 22. 出生于 / 23. 印，印刷，打印 / 24. 编辑，主编，剪辑师 / 25. 习惯

49

被"宠坏"的乞丐

PLEASE HELP

One day Sam came across a beggar on his way home from work. Out of pity, Sam gave him five dollars. Since then, Sam ran into the beggar every day, and he would give him five dollars every now and then, and so on for a long time. Then, for a while, Sam was hard up for money because of something, so he only gave the beggar one dollar when seeing him again. But the beggar was very dissatisfied, "I don't want it. You have given me too little money this time."

漫画故事译文

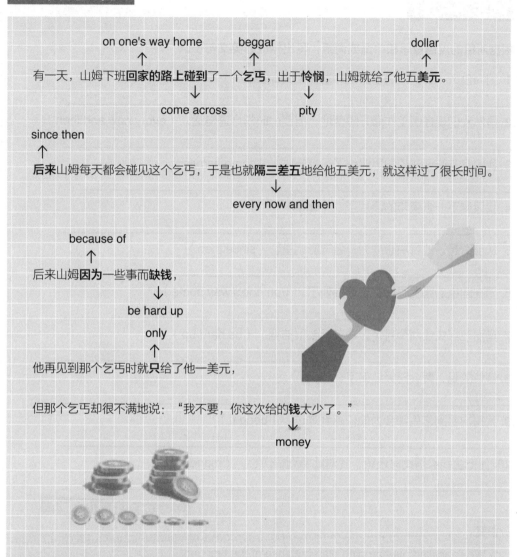

on one's way home　　　beggar　　　　　　　　dollar
↑　　　　　　　　↑　　　　　　　　　　↑
有一天，山姆下班**回家的路上碰到**了一个**乞丐**，出于**怜悯**，山姆就给了他五**美元**。
↓　　　　　　　　↓
come across　　　　pity

since then
↑
后来山姆每天都会碰见这个乞丐，于是也就**隔三差五**地给他五美元，就这样过了很长时间。
↓
every now and then

because of
↑
后来山姆**因为**一些事而**缺钱**，
↓
be hard up

only
↑
他再见到那个乞丐时就**只**给了他一美元，

但那个乞丐却很不满地说："我不要，你这次给的**钱**太少了。"
↓
money

单词、词组跟我学

→ **on one's way home** 在某人回家的路上

→ **dollar** ['dɒlə(r)] *n.* 美元

→ **since then** 从那时起

→ **every now and then** 常常，时不时地

→ **be hard up** 缺钱，拮据

→ **only** ['əʊnli] *a.* 唯一的 *ad.* 仅仅

→ **beggar** ['begə(r)] *n.* 乞丐

→ **come across** 偶遇，偶然发现，留下印象

→ **pity** ['pɪti] *n.* 怜悯，同情，仁慈，遗憾

→ **because of** 因为，由于

→ **money** ['mʌni] *n.* 钱

根据所给的汉语意思和单词或词组，写出相应的英文句子。

1. 因为台风，我们取消了露营计划。（because of）

_____

2. 虽然我们现在因工作而分隔两地，但我们时常会通电话。（every now and then）

_____

3. 我和室友昨天在校园里遇到了怀特先生。（come across）

_____

4. 我只剩下一张童年的照片了。（only）

_____

5. 从那时起，他就决心成为一名电影明星。（since then）

_____

6. 简在回家的路上想起来忘记接他了。（on one's way home）

_____

7. 马丽已经失业两个月了，现在手头很拮据。（be hard up）

_____

8. 遗憾的是，聚会已经结束了。（pity）

_____

9. 我每次看到乞丐都会为他们感到难过。（beggar）

_____

10. 他把金钱看得比命还重，我对此感到很伤心。（money）

_____

你答对了几道题呢？

答案

1. We cancelled our camping plan because of the typhoon.

2. Although we are now separated by work, we talk on the phone every now and then.

3. My roommate and I came across Mr. White on campus yesterday.

4. Only one photo of my childhood is left.

5. Since then, he made up his mind to be a movie star.

6. Jane remembered on her way home that she had forgotten to pick him up.

7. Mary has been out of work for two months and is now hard up.

8. It's a pity that the party has been over.

9. Every time I see beggars I feel sorry for them.

10. I'm sad that he values money above life.

50
以貌取人的故事

One day, a lady who dressed plainly went to a sales department for buying a house, but the service staff didn't give her a warm reception. Soon there were three men who looked very rich came, and the service staff immediately greeted them with a smile and introduced them to various types of houses. But it turned out to be the opposite of what the staff had expected — after learning about the houses, the lady decided to buy one, while the three men didn't have enough money to afford it.

漫画故事译文

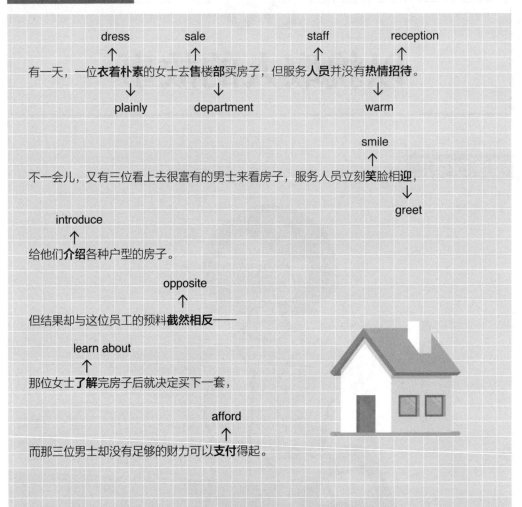

dress → plainly
sale → department
staff → (人员)
reception → warm

有一天，一位**衣着朴素**的女士去**售**楼**部**买房子，但服务**人员**并没有**热情招待**。

smile → greet

不一会儿，又有三位看上去很富有的男士来看房子，服务人员立刻**笑**脸相**迎**，

introduce

给他们**介绍**各种户型的房子。

opposite

但结果却与这位员工的预料**截然相反**——

learn about

那位女士**了解**完房子后就决定买下一套，

afford

而那三位男士却没有足够的财力可以**支付**得起。

单词、词组跟我学

- **sale** [seɪl] *n.* 卖，销售
- **staff** [stɑːf] *n.* 职员，员工，杖
- **smile** [smaɪl] *n. & v.* 微笑
- **greet** [griːt] *v.* 欢迎，迎接
- **learn about** 了解，学习
- **department** [dɪˈpɑːtmənt] *n.* 部门，系
- **opposite** [ˈɒpəzɪt] *a.* 对面的 *ad.* 在对面 *prep.* 在……对面
- **dress** [dres] *n.* 衣服，连衣裙 *v.* 穿衣，打扮
- **reception** [rɪˈsepʃn] *n.* 接待，接待处，前台，招待会
- **plainly** [ˈpleɪnli] *ad.* 朴素地，简单地，明白地，明显地
- **warm** [wɔːm] *a.* 温暖的，热情的 *v.* 使暖和
- **introduce** [ˌɪntrəˈdjuːs] *v.* 介绍，引进
- **afford** [əˈfɔːd] *v.* 支付，买得起，经得住，提供

同步练习题

plainly	smile	opposite	afford
greet	dress	sale	reception
introduce	learn about	warm	staff

选出与下列图片相符的单词。

1.
2.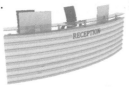
3.
4.

5.
6.
7.
8.

9.
10.
11.
12.

1. _____
2. _____
3. _____
4. _____

5. _____
6. _____
7. _____
8. _____

9. _____
10. _____
11. _____
12. _____

你答对了几道题呢？

答案

1. learn about 2. reception 3. greet 4. warm 5. sale 6. opposite

7. afford 8. smile 9. dress 10. staff 11. introduce 12. plainly

51
敬业的史密斯医生

漫画故事汇

Doctor Smith has been in the job for more than 30 years. He is a very dedicated and good doctor. He hurt his leg carelessly yesterday, which was so badly that it was put in a cast, but he refused to rest at home and kept on working. Today he operated on the patient for eight hours. Although his leg was injured, he kept on doing it. The moment he finished the operation, he couldn't help but sit on the ground.

漫画故事译文

doctor
↑
史密斯**医生**已经坚守岗位三十余年了，是一个十分**敬业的**好医生。
↓
dedicated

carelessly
↑
昨天他**不小心**弄伤了腿，严重到**打了石膏**，
↓
put in a cast

refuse   work
↑   ↑
但他**不肯**在家休息，仍旧坚持**工作**。
↓
rest

operate
↑
今天他为那位患者**做手术**长达8小时，

injured
↑
虽然腿**受伤**了，但他一直在坚持。

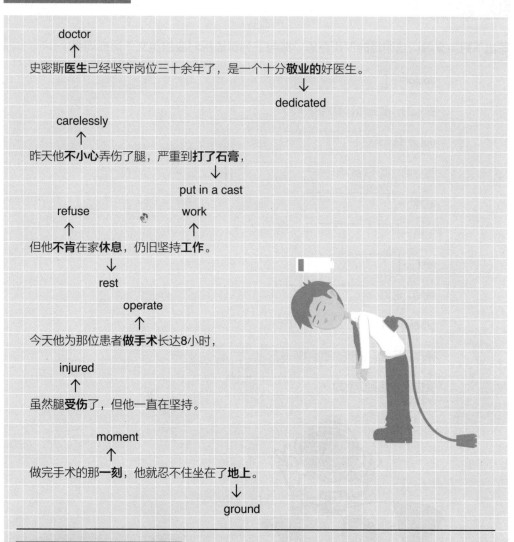

moment
↑
做完手术的那**一刻**，他就忍不住坐在了**地上**。
↓
ground

单词、词组跟我学

→ **doctor** ['dɒktə(r)] *n.* 医生，博士

→ **put in a cast** 给……打石膏

→ **moment** ['məʊmənt] *n.* 瞬间，时刻

→ **injured** ['ɪndʒəd] *a.* 受伤的，受到伤害的

→ **work** [wɜ:k] *n.* 工作，作品 *v.* 使工作，起作用

→ **dedicated** ['dedɪkeɪtɪd] *a.* 投入的，敬业的，专用的

→ **refuse** [rɪ'fju:z] *v.* 拒绝

→ **carelessly** ['keələsli] *ad.* 粗心地，漫不经心地

→ **rest** [rest] *n.* 休息，剩余的部分 *v.* 使休息

→ **operate** ['ɒpəreɪt] *v.* 操作，运营，运转，动手术

→ **ground** [graʊnd] *n.* 地面，土地，场地，依据

同步练习题

写出下列英文单词或词组的汉语意思，或与下列汉语相对应的英文单词或词组。

doctor → _____

投入的，敬业的，专用的→ _____

put in a cast → _____

粗心地，漫不经心地→ _____

work → _____

拒绝→ _____

rest → _____

瞬间，时刻→ _____

ground → _____

操作，运营，运转，动手术→ _____

受伤的，受到伤害的→ _____

你答对了几道题呢？

答案

医生，博士	dedicated	给……打石膏	carelessly
工作，作品，起作用	refuse	休息，剩余的部分	moment
地面，土地，场地，依据	operate	injured	

52

悉尼歌剧院的故事

SYDNEY

When the Sydney Opera House was initially ready to be built, the then unknown 38-year-old Utzon sent his design drawings from Copenhagen to the distant Sydney, but his drawings were rejected in the preliminary stage. Later, a well-known architect saw Utzon's drawings and immediately fell in love with his bold design, and so he convinced all the other judges. In the end, Utzon's design drawings were approved by all the judges.

漫画故事译文

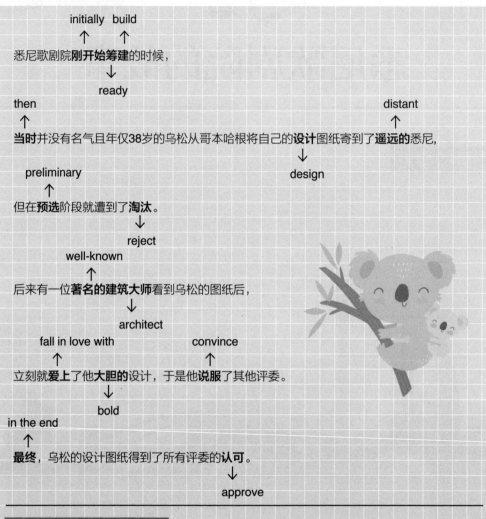

initially   build
↑   ↑

悉尼歌剧院**刚开始筹建**的时候，

↓
ready

then   distant
↑   ↑

当时并没有名气且年仅38岁的乌松从哥本哈根将自己的**设计**图纸寄到了**遥远的**悉尼，

↓
design

preliminary
↑

但在**预选**阶段就遭到了**淘汰**。

↓
reject

well-known
↑

后来有一位**著名的**建筑大师看到乌松的图纸后，

↓
architect

fall in love with   convince
↑   ↑

立刻就**爱上**了他**大胆的**设计，于是他**说服**了其他评委。

↓
bold

in the end
↑

最终，乌松的设计图纸得到了所有评委的**认可**。

↓
approve

单词、词组跟我学

→ **initially** [ɪ'nɪʃəli] *ad.* 开始，最初

→ **be ready to** 准备

→ **design** [dɪ'zaɪn] *v. & n.* 设计

→ **reject** [rɪ'dʒekt] *v.* 拒绝，排斥，摒弃

→ **well-known** [ˌwel 'nəʊn] *a.* 著名的

→ **fall in love with** 爱上

→ **in the end** 最终

→ **preliminary** [prɪ'lɪmɪnəri] *a.* 初步的 *n.* 准
  备工作，预赛，初试

→ **build** [bɪld] *v.* 建造，建立

→ **then** [ðen] *a.* 当时的 *ad.* 当时，那么，然后

→ **distant** ['dɪstənt] *a.* 遥远的，久远的，疏远
  的，冷淡的

→ **approve** [ə'pru:v] *v.* 赞成，批准，同意

→ **architect** ['ɑ:kɪtekt] *n.* 建筑师

→ **convince** [kən'vɪns] *v.* 说服，劝服，使相信

→ **bold** [bəʊld] *a.* 大胆的，醒目的

180

同步练习题

请在下列空格中填写合适的单词或词组，注意使用适当的形式。

1. He said that all the members had [_____] the plan.
   他说所有成员都赞成这个计划。

2. The mechanism was so cleverly [_____] that an intruder could hardly find it.
   这个机关的设计很巧妙，侵入者很难发现。

3. I [_____] her at the first sight.
   第一次见到她，我就爱上了她。

4. I've tried my best, but I still couldn't [_____] him.
   我已经使出浑身解数，可还是没能说服他。

5. He breezed through the [_____].
   他轻而易举地通过了预赛。

6. I have [_____] for three years to take part in this competition.
   为了参加这场比赛，我准备了三年。

7. I [_____] thought he was wronged.
   我起初以为他是被冤枉的。

8. The [_____] sky meets the sea, which is very beautiful.
   远处的天空与大海相接，真是美丽极了。

9. I'm not [_____] enough to tell the truth.
   我还没有大胆到把真相说出来。

10. He [_____] our invitation without thinking.
    他想都没想就拒绝了我们的邀请。

你答对了几道题呢？

答案

1. approved	2. designed	3. fell in love with	4. convince	5. preliminary
6. prepared	7. initially	8. distant	9. bold	10. rejected

单词大作战

英汉互译

1. come across →

2. every now and then →

3. staff →

4. plainly →

5. department →

6. carelessly →

7. operate →

8. initially →

9. distant →

10. approve →

11. 怜悯，同情，仁慈，遗憾

→

12. 缺钱，拮据 →

13. 接待，接待处，前台，招待会

→

14. 欢迎，迎接 →

15. 温暖的，热情的，使暖和

→

16. 介绍，引进 →

17. 支付，买得起，经得住，提供

→

18. 投入的，敬业的，专用的

→

19. 受伤的，受到伤害的→

20. 准备 →

21. 设计，策划 →

22. 爱上 →

23. 说服，劝服，使相信→

24. 大胆的，醒目的 →

25. 初步的，准备工作，预赛，初试

→

答案

1. 偶遇，偶然发现，留下印象 / 2. 常常，时不时地 / 3. 职员，员工，杖 / 4. 朴素地，简单地，明白地，明显地 / 5. 部门，系 / 6. 粗心地，漫不经心地 / 7. 操作，运营，运转，动手术 / 8. 开始，最初 / 9. 遥远的，久远的，疏远的，冷淡的 / 10. 赞成，批准，同意 / 11. pity / 12. be hard up / 13. reception / 14. greet / 15. warm / 16. introduce / 17. afford / 18. dedicated / 19. injured / 20. prepare / 21. design / 22. fall in love with / 23. convince / 24. bold / 25. preliminary

单词表

01 谁动了我的闹钟！

wake up 叫醒

alarm clock 闹钟

turn on 打开，调高

of course 当然

have no idea 不知道

It turned out that ... 原来是……

phone [fəʊn] *n.* 电话，手机

criticize ['krɪtɪsaɪz] *v.* 批评

manager ['mænɪdʒə(r)] *n.* 经理

show [ʃəʊ] *v.* 显示，出示 *n.* 表演

wrong [rɒŋ] *a.* 错误的，假的

play with ... 戏耍……，和……玩耍

02 购物大狂欢

yesterday ['jestədeɪ] *n.* 昨天

a lot of 很多，许多

winter ['wɪntə(r)] *n.* 冬天，冬季

born to 天生的

shopaholic [ʃɒpə'hɒlɪk] *n.* 购物狂

glove [glʌv] *n.* 手套

tiring ['taɪərɪŋ] *a.* 累人的，令人疲倦的

go shopping 购物

want to (do) 想要（做某事）

thought [θɔːt] *n.* 想法，思想

perhaps [pə'hæps] *ad.* 也许，或许

scarf [skɑːf] *n.* 围巾

Christmas ['krɪsməs] *n.* 圣诞节

fulfilling [fʊl'fɪlɪŋ] *a.* 充实的，使人满足的

03 妈妈的一天

get up 起床

hold [həʊld] *v.* 抱，拿，握住

have to 必须，不得不

supper ['sʌpə(r)] *n.* 晚饭，晚餐

hard [hɑːd] *a.* 辛苦的，困难的，努力的

cook [kʊk] *v.* 烹饪，煮饭

look after 照顾，照料

take a nap 睡午觉

grow up 长大，成熟

do housework 做家务

04 我想当超人

ideal [aɪ'di:əl] *n.* 理想 *a.* 理想的	**superman** ['su:pəmæn] *n.* 超人
laugh [lɑ:f] *v.* 笑	**serious** ['sɪərɪəs] *a.* 认真的，严肃的
catch [kætʃ] *v.* 抓，赶上	**envy** ['envi] *v.* 羡慕，嫉妒
put on 穿戴，增加	**imaginary** [ɪ'mædʒɪnəri] *a.* 想象中的，假想的
fear [fɪə(r)] *v.* 害怕，畏惧	**protect** [prə'tekt] *v.* 保护
punish ['pʌnɪʃ] *v.* 惩罚，处罚	**wicked** ['wɪkɪd] *a.* 邪恶的，恶劣的

05 健身的好处

nowadays ['naʊədeɪz] *ad.* 现在，如今	**exercise** ['eksəsaɪz] *v. & n.* 锻炼，练习
pay attention to 关注	**benefit** ['benɪfɪt] *n.* 利益，好处
first of all 首先	**work out** 锻炼，计算出
figure ['fɪɡə(r)] *n.* 身材，数字 *v.* 计算	**muscle** ['mʌsl] *n.* 肌肉
refresh [rɪ'freʃ] *v.* 恢复精神，使振作	**prevent** [prɪ'vent] *v.* 预防，阻止
disease [dɪ'zi:z] *n.* 疾病	**various** ['veərɪəs] *a.* 多样的，各种的
in addition 另外，此外	

06 我们在旅行

come from 来自	**trip** [trɪp] *n. & v.* 旅行
Europe ['jʊərəp] *n.* 欧洲	**museum** [mju'zi:əm] *n.* 博物馆
appreciate [ə'pri:ʃɪeɪt] *v.* 欣赏，品鉴	**arrive in** 到达
boast [bəʊst] *v.* 拥有，自夸	**summer resort** 避暑胜地
scenery ['si:nəri] *n.* 景色，风景	**painting** ['peɪntɪŋ] *n.* 油画，绘画
history ['hɪstri] *n.* 历史	**go back** 回去，追溯
attractive [ə'træktɪv] *a.* 有吸引力的，迷人的	**Renaissance** [rɪ'neɪsns] *n.* 文艺复兴

07 心不在焉的吉米

question ['kwestʃən] *n.* 问题	**answer** ['ɑ:nsə(r)] *v.* 回答 *n.* 答案
response [rɪ'spɒns] *n.* 反应，回应	**happen** ['hæpən] *v.* 发生
mind [maɪnd] *n.* 想法，思维，脑海	**reason** ['ri:zn] *n.* 原因，理由
amusement park 游乐园	**absent-minded** [æbsənt'maɪndɪd] *a.* 心不在焉的
promise ['prɒmɪs] *v. & n.* 承诺，许诺	**all the time** 一直
think about 思考，考虑	**punish** ['pʌnɪʃ] *n.* 惩罚，处罚
result [rɪ'zʌlt] *n.* 结果	**stand up** 站起来

08 尴尬的经历

library ['laɪbrəri] *n.* 图书馆	**take out** 拿出，除掉
sit down 坐下	**after a while** 过了一会儿，不久
reach [ri:tʃ] *v.* 伸手（拿、够某物），达到	**hungry** ['hʌŋgri] *a.* 饥饿的
couldn't help 忍不住	**however** [haʊ'evə(r)] *ad.* 然而，可是
look at 看	**hand in hand** 手牵手地，携手
couple ['kʌpl] *n.* 夫妇，情侣，一对	**walk away** 离开，走开，脱身
embarrassing [ɪm'bærəsɪŋ] *a.* 令人尴尬的	

09 中秋节的传说

legend has it that 传说	**bake** [beɪk] *v.* 烤，变得炙热
suddenly ['sʌdənlɪ] *ad.* 突然	**worship** ['wɜ:ʃɪp] *v.* 崇拜
run into （偶然）遇到	**elixir** [ɪ'lɪksə(r)] *n.* 长生不老药，不死药
immortal [ɪ'mɔ:tl] *a.* 永恒的，神的	**preserve** [prɪ'zɜ:v] *v.* 保存，保持，腌制
force [fɔ:s] *n.* 武力 *v.* 强迫	**in a hurry** 急忙，立即
come back 回来，再流行	**heartbroken** ['hɑ:tbrəʊkən] *a.* 悲伤的，心碎的
from afar 从远方，从远处	**favorite** ['feɪvərɪt] *a.* 最爱的
spread [spred] *v.* 传播，伸开	

10 看电影的风波

release [rɪ'liːs] *v.* 释放，发行，上映

recently ['riːsntli] *ad.* 最近

star [stɑː(r)] *n.* 星星，明星 *v.* 由……主演

excited [ɪk'saɪtɪd] *a.* 兴奋的，激动的

make a phone call 打电话

book [bʊk] *n.* 书 *v.* 预订

find out 发现，弄清

attend class 上课

be used for 用于

by oneself 单独，独自

accompany [ə'kʌmpəni] *v.* 陪伴

tomorrow [tə'mɒrəʊ] *n.* 明天

anyway ['eniweɪ] *ad.* 无论如何，反正

11 手机购物

science and technology 科技

convenient [kən'viːnɪənt] *a.* 便利的，方便的

decade ['dekeɪd] *n.* 十年

advanced [əd'vɑːnst] *a.* 先进的，高级的，晚期的

through [θruː] *prep.* 通过，凭借

unimaginable [ˌʌnɪ'mædʒɪnəbl] *a.* 难以想象的

easily ['iːzəli] *ad.* 轻松地，容易地

overseas [ˌəʊvə'siːz] *a.* 海外的 *ad.* 在海外

product ['prɒdʌkt] *n.* 产品

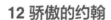

12 骄傲的约翰

well [wel] *ad.* 好

therefore ['ðeəfɔː(r)] *ad.* 因此

knowledge ['nɒlɪdʒ] *n.* 知识

listen to 听

proud [praʊd] *a.* 骄傲的，自豪的

tip [tɪp] *n.* 建议，小费，尖端

as a result 结果

dumbfounded [dʌm'faʊndɪd] *a.* 目瞪口呆的

mistake [mɪ'steɪk] *n.* 错误 *v.* 弄错

how come 怎么会，为什么

modesty ['mɒdəsti] *n.* 谦虚

conceit [kən'siːt] *n.* 自负

make progress 进步，取得进展

lag behind 落后

13 令人头疼的双胞胎

identical twins 同卵双胞胎

tiny ['taɪni] *a.* 微小的

naughty ['nɔ:ti] *a.* 调皮的，淘气的

insist on 坚持

grab [græb] *v.* 抓，夺取

chase [tʃeɪs] *v.* 追赶，追捕

difference ['dɪfrəns] *n.* 差异，不同

exactly [ɪg'zæktli] *ad.* 正是，恰好

no matter what 不管什么

spill [spɪl] *v.* 洒出，溢出

be sure to 一定，必定

14 动物园的故事

impress [ɪm'pres] *v.* 使留下印象，使钦佩

fierce [fɪəs] *a.* 凶猛的，激烈的

peacock ['pi:kɒk] *n.* 孔雀，骄傲自大或爱慕虚荣的人

unsteady [ʌn'stedi] *a.* 不牢固的，不稳的

moreover [mɔ:r'əʊvə(r)] *ad.* 另外，此外

parents ['peərənts] *n.* 父母

feather ['feðə(r)] *n.* 羽毛

include [ɪn'klu:d] *v.* 包括

quite [kwaɪt] *ad.* 很，相当

peel [pi:l] *n.* 果皮 *v.* 剥皮

15 奇葩的求职者

surprise [sə'praɪz] *n.* 惊喜 *v.* 使惊讶

weird [wɪəd] *a.* 奇怪的，不可思议的

applicant ['æplɪkənt] *n.* 申请人，求职者

keep on 继续，一直

as if 仿佛，好像

look for 寻找

present ['preznt] *a.* 目前的，在场的 *n.* 礼物 *v.* 呈现

interview ['ɪntəvju:] *n. & v.* 对……进行面试，采访

remind ... of 使想起，使回忆起

cotton up to 套近乎

at the end of 在……结束时

resume [rɪ'zju:m] *v.* 重新开始，恢复

unrelated [ˌʌnrɪ'leɪtɪd] *a.* 不相关的

16 没电的机器人

century ['sentʃəri] *n.* 世纪，百年

robot ['rəʊbɒt] *n.* 机器人

come home 回家

respond [rɪ'spɒnd] *v.* 反应，回应

do nothing 什么也不做

out of power 没电的，失去权势的

naturally ['nætʃrəli] *ad.* 自然地，天生地，合理地

go to work 去上班

call out 大叫，召集

wash [wɒʃ] *v.* 洗

what's going on 怎么了

17 奇怪的礼物

birthday ['bɜːθdeɪ] *n.* 生日

not long ago 不久之前

anything ['enɪθɪn] *pron.* 任何东西

adult ['ædʌlt] *a.* 成年的 *n.* 成年人

strange [streɪndʒ] *a.* 陌生的，奇怪的

receive [rɪ'siːv] *v.* 收到

expensive [ɪk'spensɪv] *a.* 昂贵的

wrap [ræp] *v.* 包，用……包裹

break the law 违法

simply ['sɪmpli] *ad.* 简单地，只不过，仅仅

18 怀孕的爸爸

notice ['nəʊtɪs] *v.* 注意到 *n.* 告示

pregnant ['pregnənt] *a.* 怀孕的

touch [tʌtʃ] *v. & n.* 触摸，碰（动）

or [ɔː(r)] *conj.* 或者，还是，否则

come out 出来，上市，出版

belly ['beli] *n.* 肚子，腹部

sit on 坐在……上面

when [wen] *ad.* 什么时候 *conj.* 在……时候

soon [suːn] *ad.* 不久，很快

whether ['weðə(r)] *conj.* 是否 *pron.* 是……还是……

19 疯狂的粉丝

definitely ['defɪnətli] **ad.** 一定地，绝对地

album ['ælbəm] **n.** 相册，专辑，唱片

concert ['kɒnsət] **n.** 演唱会，音乐会

chance [tʃɑːns] **n.** 机会，机遇

actual ['æktʃuəl] **a.** 实际的，真实的

later ['leɪtə(r)] **a.** 后来的 **ad.** 后来

fan [fæn] **n.** 扇子，粉丝

whenever [wen'evə(r)] **ad.** 无论何时 **conj.** 每当

pick sb. up 接某人

airport ['eəpɔːt] **n.** 机场

opportunity [ˌɒpə'tjuːnətɪ] **n.** 机会

in order to 为了

---

20 发财了？

a few 一些，几个

lottery ['lɒtəri] **n.** 彩票，靠运气的事

quarrel ['kwɒrəl] **v. & n.** 争吵，吵架

argue ['ɑːgjuː] **v.** 争论，主张

draw [drɔː] **v.** 画，拉，抽（奖、签等），
吸引，得出（结论）

equally ['iːkwəli] **ad.** 相等地，同样地

share [ʃeə(r)] **n.** 股票 **v.** 分享

slim [slɪm] **a.** 苗条的，细的，（机会等）微小的

throw away 扔掉

seem 好像，看起来，似乎

hit the jackpot 中头奖

expression [ɪk'spreʃ(ə)n] **n.** 表达，表示，表情

---

21 危险的行人

pedestrian [pə'destrɪən] **n.** 行人

obey [ə'beɪ] **v.** 遵守，服从

put ... in danger 使……处于危险之中

difficult ['dɪfɪkəlt] **a.** 困难的

active ['æktɪv] **a.** 积极的，好动的，活跃的

traffic ['træfɪk] **n.** 交通

traffic rules 交通规则

run a red light 闯红灯

cross the road 过马路

get away from 避免，逃离

rush into 闯进，匆忙做

22 贪心的鲍勃

go up 上升，上涨，被建造

put in 放入，投入（时间、精力等）

set free 释放，使自由

make a wish 许愿

angry ['æŋgri] *a.* 愤怒的，生气的

greedy ['gri:di] *a.* 贪心的，贪婪的

bottle ['bɒtl] *n.* 瓶子

wizard ['wɪzəd] *n.* 巫师，奇才

grant [grɑ:nt] *v.* 承认，授予 *n.* 补助金

finally ['faɪnəli] *ad.* 最后，最终

expect [ɪk'spekt] *v.* 期望，期待，预料

take back 收回，退还

23 被戏弄的大卫

move into 搬入

invite [ɪn'vaɪt] *v.* 邀请

requirement [rɪ'kwaɪəmənt] *n.* 要求

dress up 装扮，打扮

uniquely [jʊ'ni:kli] *ad.* 独特地

dinosaur ['daɪnəsɔ:(r)] *n.* 恐龙

trick [trɪk] *n.* 把戏 *v.* 戏弄，欺骗

costume party 化装舞会

best [best] *a.* 最好的

special ['speʃl] *a.* 特别的，特殊的

and so on 等等，诸如此类

consequently ['kɒnsɪkwəntli] *ad.* 结果，因此

normally ['nɔ:məli] *ad.* 正常地，普通地

24 被放鸽子的女朋友

early ['ɜ:li] *ad.* 早 *a.* 早的，早期的

start [stɑ:t] *v.* 开始

finish ['fɪnɪʃ] *v.* 完成，结束

hurry to 赶往

enough [ɪ'nʌf] *a.* 足够的 *ad.* 充足地

order ['ɔ:də(r)] *v.* 点（餐），订购 *n.* 命令，顺序

date [deɪt] *n.* 日期，约会 *v.* 约会

prepare for 为……做准备

arrange [ə'reɪndʒ] *v.* 安排，布置，筹划

show up 出现，露面

forget [fə'get] *v.* 忘记

all about 关于……的一切

25 杀人凶手是谁？

patient ['peɪʃnt] *n.* 病人 *a.* 有耐心的

kill [kɪl] *v.* 杀死

detective [dɪ'tektɪv] *n.* 侦探 *a.* 侦探的

fingerprint ['fɪŋɡəprɪnt] *n.* 指纹

dagger ['dæɡə(r)] *n.* 匕首

crawl [krɔːl] *v.* 爬行

investigation [ɪnˌvestɪ'ɡeɪʃn] *n.* 调查

hospital ['hɒspɪtl] *n.* 医院

believe [bɪ'liːv] *v.* 相信，认为

suspect [sə'spekt] *n.* 嫌疑犯 *v.* 怀疑 *a.* 可疑的

ward [wɔːd] *n.* 病房

clever ['klevə(r)] *a.* 聪明的，巧妙的

point out 指出，指明

downstairs [ˌdaʊn'steəz] *a.* 楼下的 *ad.* 在楼下

26 互相指责的夫妻

marry ['mæri] *v.* 结婚，嫁，娶

bicker ['bɪkə(r)] *v. & n.* 争吵

steal [stiːl] *v.* 偷

blame [bleɪm] *v.* 指责，责备，把……归咎于

lock [lɒk] *n.* 锁 *v.* 锁上

what's more 而且，另外，更重要的是

had better (do...) 最好（做某事）

smart [smɑːt] *a.* 聪明的，智能的

go out 出去，熄灭

leave [liːv] *v.*（某人）离开，留下（某物、信息等）

27 食物大对决

contest ['kɒntest] *n.* 比赛 *v.* 竞争

judge [dʒʌdʒ] *n.* 裁判 *v.* 判断

food [fuːd] *n.* 食物，食品

which [wɪtʃ] *conj. & adj.* 哪一个

cream [kriːm] *n.* 奶油，乳霜

pizza ['piːtsə] *n.* 比萨

bacon ['beɪkən] *n.* 培根，熏猪肉

winner ['wɪnə(r)] *n.* 获胜者

tie [taɪ] *n.* 领带 *v.* 系，使平局

it seems that 似乎，看起来

serve [sɜːv] *v.* 为……服务，服役，任职，供应

28 伤人的狗狗

choice [tʃɔɪs] *n.* 选择	**violate** ['vaɪəleɪt] *v.* 违反，侵犯
for example 比如	**hurt** [hɜ:t] *n.* 伤害 *v.* 使伤心 *a.* 受到伤害的
turn into 变成	**case** [keɪs] *n.* 事例，案件，箱子
threaten ['θretn] *v.* 威胁，恐吓	**protect** [prə'tekt] *v.* 保护
owner ['əʊnə(r)] *n.* 所有者	**immediately** [ɪ'mi:dɪətli] *ad.* 立即 *conj.* 一……就
cub [kʌb] *n.* 幼崽	**docile** ['dəʊsaɪl] *a.* 温顺的
be likely to 很有可能	**territory** ['terətri] *n.* 领土，领域，地盘

29 不道德的女士

train station 火车站	**line** [laɪn] *n.* 线，路线
ticket ['tɪkɪt] *n.* 票	**ignore** [ɪg'nɔ:(r)] *v.* 忽视，不理睬
in front of 在……前面	**directly** [də'rektli] *ad.* 直接地，立即
jump the queue 插队	**dissatisfied** [dɪs'sætɪsfaɪd] *a.* 不满意的
queue up 排队	**suppress** [sə'pres] *v.* 镇压，抑制
turn round 转身，回头	**in order** 整齐，按顺序
immoral [ɪ'mɒrəl] *a.* 不道德的	**behind** [bɪ'haɪnd] *ad.* 在后面 *prep.* 在……后面

30 音乐的魅力

happy ['hæpɪ] *a.* 快乐的，幸福的	**fascinating** ['fæsɪneɪtɪŋ] *a.* 迷人的，有魅力的
mood [mu:d] *n.* 心情，情绪	**fall into** 陷入，分成
childhood ['tʃaɪldhʊd] *n.* 童年	**remember** [rɪ'membə(r)] *v.* 牢记，记得，回想起
TV series 电视连续剧	**endless** ['endləs] *a.* 无尽的，无休止的
charm [tʃɑ:m] *n.* 魅力，符咒	**plot** [plɒt] *n.* 情节 *v.* 密谋
always ['ɔ:lweɪz] *ad.* 总是，永远，老是	

31 搬家公司

as the name implies 顾名思义

move [muːv] *v.* 移动，行动，搬迁

formal ['fɔːml] *a.* 正式的，正规的

strict [strɪkt] *a.* 严格的，严厉的

management ['mænɪdʒmənt] *n.* 管理

measure ['meʒə(r)] *n.* 测量，措施 *v.* 测量，估量

provide [prə'vaɪd] *v.* 提供

performance [pə'fɔːməns] *n.* 表演，业绩，性能

reputation [ˌrepjʊ'teɪʃn] *n.* 名声

ensure [ɪn'ʃʊə(r)] *v.* 保证，确保

standard ['stændəd] *n.* 标准，水平

important [ɪm'pɔːtnt] *a.* 重要的

whole [həʊl] *a.* 整个的，全部的

so as to 以便

monitor ['mɒnɪtə(r)] *n.* 班长，监控器 *v.* 监控

process ['prəʊses] *n.* 过程，进程 *v.* 加工，处理

service ['sɜːvɪs] *n. & v.* 服务

32 消失的雪人

heavily ['hevɪli] *ad.* 沉重地，大量地

together [tə'geðə(r)] *ad.* 一起，同时 *a.* 一致的

snow [snəʊ] *n.* 雪 *v.* 下雪

snowman ['snəʊmæn] *n.* 雪人

carrot ['kærət] *n.* 胡萝卜

black [blæk] *n.* 黑色 *a.* 黑色的

branch [brɑːntʃ] *n.* 树枝，分枝

wonder ['wʌndə(r)] *v.* 想知道 *a.* 神奇的 *n.* 奇迹

nose [nəʊz] *n.* 鼻子

put [pʊt] *v.* 放

disappear [ˌdɪsə'pɪə(r)] *v.* 消失

after all 毕竟

33 倒霉的杰克

out of 缺乏，由于

luck [lʌk] *n.* 运气

bite [baɪt] *v. & n.* 叮，咬

umbrella [ʌm'brelə] *n.* 雨伞

missing ['mɪsɪŋ] *a.* 找不到的，遗漏的，失踪的

get soaked 淋湿的

only to 没想到会，不料却

hungry ['hʌŋgri] *a.* 饥饿的，渴望的

unfortunately [ʌn'fɔːtʃənətli] *ad.* 不幸地

give sb. a lecture 给某人上课，教训某人

pay [peɪ] *v.* 支付 *n.* 薪水

breakfast ['brekfəst] *n.* 早餐

dock [dɒk] *n.* 码头 *v.* 扣（钱、分等）

34 拍卖会

auction [ˈɔːkʃn] *n. & v.* 拍卖

qualify [ˈkwɒlɪfaɪ] *v.* 使有资格，取得资格

carefully [ˈkeəfəli] *ad.* 小心地，仔细地

item [ˈaɪtəm] *n.* 项目，条款，一项

bid [bɪd] *n. & v.* 出价，投标

eventually [ɪˈventʃuəli] *ad.* 最终

famous [ˈfeɪməs] *a.* 著名的

attend [əˈtend] *v.* 出席，参加，照料，处理

to one's taste 合某人的胃口

presenter [prɪˈzentə(r)] *n.* 主持人，参与者，演示者

announce [əˈnaʊns] *v.* 宣布

concern [kənˈsɜːn] *v.* 关心，担心 *n.* 忧虑

35 不听劝告的多莉

cold [kəʊld] *n.* 寒冷 *a.* 冷的，冷酷的

temperature [ˈtemprətʃə(r)] *n.* 气温，温度，体温

weather [ˈweðə(r)] *n.* 天气

until [ənˈtɪl] *conj. & prep.* 直到……时

though [ðəʊ] *conj.* 虽然，即使 *ad.* 不过，但是

drop [drɒp] *n.* 滴 *v.* 下降

weather forecast 天气预报

regret [rɪˈgret] *v. & n.* 后悔，遗憾，惋惜

advise [ədˈvaɪz] *v.* 建议，劝告

insist on 坚持

be absorbed in 专心于，沉浸在

stay up 熬夜

36 爷爷和孙子的代沟

for a time 一段时间

others [ˈʌðə(r)s] *pron.* 其他人

understand [ˌʌndəˈstænd] *v.* 理解

each other 互相

hamburger [ˈhæmbɜːgə(r)] *n.* 汉堡包

Chinese [ˌtʃaɪˈniːz] *n.* 中国人，中文 *a.* 中国的，中文的，中国人的

American [əˈmerɪkən] *n.* 美国人 *a.* 美国的

live with 与……一起生活，忍受

countryside [ˈkʌntrɪsaɪd] *n.* 农村，乡村

imagination [ɪˌmædʒɪˈneɪʃn] *n.* 想象，想象力

according to 根据，按照

neither...nor... 既不……也不……

37 爱德华和酒店的故事

be on a business trip 出差

about [ə'baʊt] *prep.* 大约，关于

choose [tʃuːz] *v.* 选择

among [ə'mʌŋ] *prep.* 在……当中

relevant ['reləvənt] *a.* 相关的

check in 登记，办理登记手续

decide [dɪ'saɪd] *v.* 决定，断定

hotel [həʊ'tel] *n.* 酒店，旅馆，宾馆

minority [maɪ'nɒrəti] *n.* 少数，少数民族

geographical [ˌdʒiːə'græfɪkl] *a.* 地理的，地理学的

insulation [ˌɪnsjʊ'leɪʃn] *n.* 绝缘，隔离

experience [ɪk'spɪərɪəns] *n.* 经历，经验 *v.* 体验

poor [pɔː(r)] *a.* 贫穷的，可怜的，差的，低的

condition [kən'dɪʃn] *n.* 情况，条件，环境

38 1号足球球衣的故事

football jersey 足球球衣

take part in 参加

young [jʌŋ] *a.* 年轻的

come up with 提出，想出

treasure ['treʒə(r)] *n.* 珍宝 *v.* 珍藏

number ['nʌmbə(r)] *n.* 号码，数字 *v.* 把……编号

confession [kən'feʃn] *n.* 忏悔，告白，坦白

romantic [rəʊ'mæntɪk] *a.* 浪漫的，关于爱情的，传奇的

wear [weə(r)] *v.* 穿戴，留着（头发、胡子等），磨损

take off 脱掉，起飞，成功，休假

trouble ['trʌbl] *n. & v.* 麻烦，烦恼

39 老爸的智慧

sure enough 果然

rebellious [rɪ'beljəs] *a.* 叛逆的，反叛的

walk [wɔːk] *n. & v.* 走路，步行，散步

think of 想到，想起，认为

instead [ɪn'sted] *ad.* 代替，反而

solve [sɒlv] *v.* 解决

usually ['juːʒʊəli] *ad.* 通常，一般

once [wʌns] *ad.* 曾经，一次 *conj.* 一旦

take a car 乘车

drive [draɪv] *v.* 开车，驾驶，驱动

readily ['redɪli] *ad.* 轻而易举地，乐意地

period ['pɪərɪəd] *n.* 时期，一段时间，句号，经期

40 成功的故事

teach [tiːtʃ] *v.* 教

last [lɑːst] *a.* 最后的，最不可能的 *v.* 持续

ask sb. to ... 要求某人……

master ['mɑːstə(r)] *n.* 主人，专家，大师 *v.* 掌握

more than 超过，比……多

impatient [ɪm'peɪʃnt] *a.* 不耐烦的，没有耐心的

thousand ['θaʊznd] *n.* 一千 *a.* 成千的

same [seɪm] *a.* 一样的

different ['dɪfrənt] *a.* 不同的

angle ['æŋgl] *n.* 角，角度

work hard 努力学习，努力工作

from then on 从那时起

paint [peɪnt] *v.* 绘画，涂抹（嘴唇、指甲等），给……上油漆

41 亨利和约翰的理发店

barbershop ['bɑːbəʃɒp] *n.* 理发店

at that time 在那时，当时

almost ['ɔːlməʊst] *ad.* 几乎，差不多

around [ə'raʊnd] *ad.* 大约，周围，到处

have one's hair cut 某人理发

sometimes ['sʌmtaɪmz] *ad.* 有时，偶尔

as well as 也，和……一样

on the other hand 另一方面

customer ['kʌstəmə(r)] *n.* 客户，顾客

rarely ['reəlɪ] *ad.* 很少地

gather ['gæðə(r)] *v.* 聚集，收集

open ['əʊpən] *v.* 打开，营业 *a.* 开着的，开阔的

42 不加班的皮特

work overtime 加班

initiative [ɪ'nɪʃətɪv] *n.* 主动，首创精神，法案

it is time to 是做……的时候了

hurry ['hʌri] *v.* 匆忙，赶紧

talk about 讨论

never ['nevə(r)] *ad.* 从不，决不

topic ['tɒpɪk] *n.* 话题

reply [rɪ'plaɪ] *v.* 回应，回答 *n.* 回答

minute ['mɪnɪt] *n.* 分钟

be able to 有能力做

in this way 用这种方法，这样

if [ɪf] *conj.* 如果，要是，是否

complete [kəm'pliːt] *v.* 完成，使齐全 *a.* 完全的，完整的

43 自以为是的狐狸

fox [fɒks] *n.* 狐狸，狡猾的人

forest ['fɒrɪst] *n.* 森林

giraffe [dʒə'rɑːf] *n.* 长颈鹿

deem [diːm] *v.* 认为，相信

stupid ['stjuːpɪd] *a.* 愚蠢的

arrogant ['ærəgənt] *a.* 傲慢的，自大的

skirt [skɜːt] *n.* 裙子，边缘 *v.* 绕开，避开

puzzled ['pʌzld] *a.* 困惑的，茫然的

go straight 直走

trap [træp] *n.* 陷阱，圈套 *v.* 诱骗，用捕捉器捕捉

44 哈根达斯的爱情故事

touching ['tʌtʃɪŋ] *a.* 感人的

travel ['trævl] *v.&n.* 旅行，旅游

oppose [ə'pəʊz] *v.* 反对

get married 结婚

success [sək'ses] *n.* 成功

now that 既然

second ['sekənd] *n.* 秒 *a.* 第二的，次要的

founder ['faʊndə(r)] *n.* 创始人 *v.* 失败，沉没

while [waɪl] *conj.* 当……的时候，虽然

career [kə'rɪə(r)] *n.* 职业，事业

name [neɪm] *n.* 名字 *v.* 命名

die [daɪ] *v.* 死亡，凋谢，熄灭，渴望

force [fɔːs] *n.* 武力，力量 *v.* 强迫

45 人美心善的戴安娜王妃

marriage ['mærɪdʒ] *n.* 婚姻

devote...to 致力于，把……奉献给

found [faʊnd] *v.* 创立，建立

royal ['rɔɪəl] *a.* 王室的，皇家的

in person 亲自

donate [dəʊ'neɪt] *v.* 捐赠，捐献

kind-hearted [kaɪnd 'hɑːtɪd] *a.* 善良的，仁慈的

charity ['tʃærəti] *n.* 慈善事业，慈善机构，施舍

support [sə'pɔːt] *v.* 支持，资助，供养，支撑

contrary to 与……相反

lofty ['lɒfti] *a.* 崇高的，高耸的，高傲的

not only ... but also ... 不仅……而且……

46 捡垃圾的小汤姆

enter ['entə(r)] **v.** 进入，加入，输入

grade [greɪd] **n.** 等级，年级，成绩

clean [kli:n] **a.** 干净的 **v.** 打扫

throw [θrəʊ] **v.** 扔，投下（光、影子等）

pick up 捡起，（开车）接，（轻松）学会，收拾

dustbin ['dʌstbɪn] **n.** 垃圾箱

troublesome ['trʌblsəm] **a.** 麻烦的，令人讨厌的

ask [ɑ:sk] **v.** 问，要求，请求，索要

environment [ɪn'vaɪrənmənt] **n.** 环境

duty ['dju:ti] **n.** 责任，职责，义务

all [ɔ:l] **a.** 全部的，所有的 **pron.** 全部

rubbish ['rʌbɪʃ] **n.** 垃圾

47 压力变动力的故事

be born into 出生于

drop out of 从……中退出

at the age of 在……岁时

print [prɪnt] **v.** 印，印刷，打印

editor ['edɪtə(r)] **n.** 编辑，主编，剪辑师

merchant ['mɜːtʃənt] **n.** 商人

ill [ɪl] **a.** 生病的，有害的 **ad.** 不合适地

again [ə'gen] **ad.** 再一次

skill [skɪl] **n.** 技巧，才能，本领

factory ['fæktri] **n.** 工厂

pressure ['preʃə(r)] **n.** 压力，气压

motivation [ˌməʊtɪ'veɪʃn] **n.** 动力，动机

lose [lu:z] **v.** 失去，丢失，输掉

48 厨师的白帽子的由来

middle ['mɪdl] **n.** 中间，中期 **a.** 中间的

frequent ['fri:kwənt] **a.** 频繁的

refuge ['refju:dʒ] **v.** 避难 **n.** 避难所

Greece [gri:s] **n.** 希腊

monastery ['mɒnəstri] **n.** 修道院

chef [ʃef] **n.** 厨师

all over 到处

help [help] **n. & v.** 帮助

distinguish [dɪ'stɪŋgwɪʃ] **v.** 区分，辨别

habit ['hæbɪt] **n.** 习惯

original [ə'rɪdʒənl] **a.** 原始的，最初的，原件的，原创的

49 被 "宠坏" 的乞丐

on one's way home 在某人回家的路上

dollar ['dɒlə(r)] *n.* 美元

since then 从那时起

every now and then 常常，时不时地

be hard up 缺钱，拮据

only ['əʊnli] *a.* 唯一的 *ad.* 仅仅

beggar ['begə(r)] *n.* 乞丐

come across 偶遇，偶然发现，留下的印象

pity ['pɪti] *n.* 怜悯，同情，仁慈，遗憾

because of 因为，由于

money ['mʌni] *n.* 钱

50 以貌取人的故事

sale [seɪl] *n.* 卖，销售

staff [stɑːf] *n.* 职员，员工，杖

smile [smaɪl] *n. & v.* 微笑

greet [griːt] *v.* 欢迎，迎接

learn about 了解，学习

department [dɪ'pɑːtmənt] *n.* 部门，系

opposite ['ɒpəzɪt] *a.* 对面的 *ad.* 在对面 *prep.* 在……对面

dress [dres] *n.* 衣服，连衣裙 *v.* 穿衣，打扮

reception [rɪ'sepʃn] *n.* 接待，接待处，前台，招待会

plainly ['pleɪnli] *ad.* 朴素地，简单地，明白地，明显地

warm [wɔːm] *a.* 温暖的，热情的 *v.* 使暖和

introduce [ˌɪntrə'djuːs] *v.* 介绍，引进

afford [ə'fɔːd] *v.* 支付，买得起，经得住，提供

51 敬业的史密斯医生

doctor ['dɒktə(r)] *n.* 医生，博士

put in a cast 给……打石膏

refuse [rɪ'fjuːz] *v.* 拒绝

moment ['məʊmənt] *n.* 瞬间，时刻

injured ['ɪndʒəd] *a.* 受伤的，受到伤害的

work [wɜːk] *n.* 工作，作品 *v.* 使工作，起作用

dedicated ['dedɪkeɪtɪd] *a.* 投入的，敬业的，专用的

carelessly ['keələsli] *ad.* 粗心地，漫不经心地

rest [rest] *n.* 休息，剩余的部分 *v.* 使休息

operate ['ɒpəreɪt] *v.* 操作，运营，运转，动手术

ground [ɡraʊnd] *n.* 地面，土地，场地，依据

52 悉尼歌剧院的故事

initially [ɪˈnɪʃəli] *ad.* 开始，最初

be ready to 准备

design [dɪˈzaɪn] *v. & n.* 设计

reject [rɪˈdʒekt] *v.* 拒绝，排斥，摒弃

well-known [ˌwel ˈnəʊn] *a.* 著名的

fall in love with 爱上

in the end 最终

preliminary [prɪˈlɪmɪnəri] *a.* 初步的 *n.* 准备工作，预赛，初试

build [bɪld] *v.* 建造，建立

then [ðen] *a.* 当时的 *ad.* 当时，那么，然后

distant [ˈdɪstənt] *a.* 遥远的，久远的，疏远的，冷淡的

approve [əˈpruːv] *v.* 赞成，批准，同意

architect [ˈɑːkɪtekt] *n.* 建筑师

convince [kənˈvɪns] *v.* 说服，劝服，使相信

bold [bəʊld] *a.* 大胆的，醒目的